5년 후

포르쉐 타고 싶다면

미국 주식

지금 당장 올라타라

▌Special Thanks to

이 책이 나오기까지 정말 많은 분들의 도움이 있었다. 먼저 해외 주식이 성공적으로 한국 시장에 자리 잡을 수 있도록 지도와 격려를 아끼지 않은 키움증권 권용원 대표이사께 감사드린다.

강한 리더십으로 리테일 본부를 하나로 이끌어준 황현순 본부장, 주임 시절부터 많은 가르침을 준 임경호 상무, 글로벌영업팀을 최고의 팀으로 이끈 염명훈 팀장, 키움에 자리 잡을 수 있도록 큰 힘을 준 고강인 팀장에게도 감사의 말씀을 전한다. 아울러 해외 주식 초창기 시절, 신입이었던 나에게 각별한 애정을 쏟아준 신한금융투자 해외 주식팀 유진관 부장과 조지연 팀장에게도 감사드린다. 그리고 여러 방송 관계자 분들과 머니투데이 오정은 기자에게도 감사드린다.

마지막으로 가족과 친구들에게 글로 표현할 수 없는 애틋한 고마움을 전한다.

START, 미국 주식도 직구가 대세다!

5년 후 포르쉐 타고 싶다면
미국 주식 지금 당장 올라타라

지은이 **김세환**
펴낸이 **이종록** 펴낸곳 **스마트비즈니스**
스태프 **형유라, 김희원**
등록번호 **제 313-2005-00129호** 등록일 **2005년 6월 18일**
주소 **서울시 마포구 성산동 293-1 201호**
전화 **02-336-1254** 팩스 **02-336-1257**
이메일 smartbiz@sbpub.net
ISBN **979-11-85021-07-2 03320**
초판 1쇄 발행 **2014년 10월 20일**

START, 미국 주식도 **직구가 대세다!**

5년 후
포르쉐 타고 싶다면
미국 주식
지금 당장 올라타라

| 김세환 지음 |

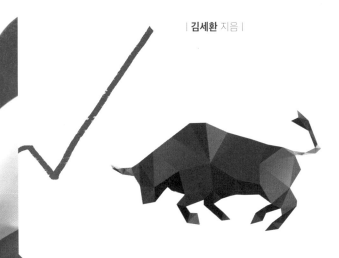

Sb
smart business

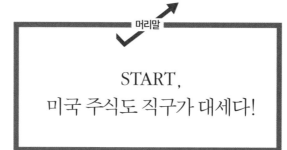

START,
미국 주식도 직구가 대세다!

지난 2008년 1월, 미국 발 서브프라임 금융위기가 시작되려던 시점에 필자는 증권사 해외 주식팀에 재직 중이었다. 미국 시간에 맞춰 고객들을 상담하고, 미국 주식 주문을 직접 현지에 내는 것이 주된 업무였다. 그 당시 국내에서는 '해외 주식'이란 단어 자체가 생소한 시기라, 일부 고위층 또는 전문직 이상의 정보에 발 빠른 투자자들이 주요 고객이었다. 바로 금융위기가 오기 전까지의 일이다.

해외 주식에 대한 인프라가 갖춰지지 못한 상태에서(그 당시에는 실시간 전자원장, HTS 등 아무런 인프라가 없었다) 나는 컴퓨터가 아닌 주문지에 직접 주문을 적어 가며, 미국 증권사 프로그램을 빌려 주식을 사고팔기에 바빴다. 첨단 IT시대인 2008년에 1980년대와 같은 시스템으로 일을 시작한 것이다.

국내에서는 미국 주식에 대한 정보가 거의 없어, 미국 현지 증권사

트레이더들로부터 실시간으로 전화와 메신저 등을 통해 실전에서 배워 나갔던 시절이었다. 지금 생각해보면 정말 바닥부터 시작했었다.

2008년 시작한 금융위기가 2009년으로 넘어가면서 미국의 모든 지수는 반 토막이 났다. 새벽, 회사에서 화장실도 제대로 못 가고 자리에서 라면을 먹으면서 미국 CNN, 블룸버그 방송에서 미 대통령의 연설을 지켜봤던 기억이 아직도 눈에 선하다. 주요 지수가 하루에 10%가 넘게 빠지는 일이 계속 일어났고, 아시아를 비롯한 글로벌 시장 자체가 큰 하락세를 보이면서 시장은 패닉 상태에 빠졌다.

바로 이때부터 수익에 민감한 한국 투자자들이 미국 시장에 베팅하기 시작했다. 금융위기가 시작되던 시절, 필자는 하루에 상담 전화만 200콜을 넘게 받기도 했다. 밀려 있는 주문 전화가 수백 통에 이르렀다. 'BUY!'를 외치는 대한민국 '검은머리 외국인'들의 주문이 끊이지 않았다. 주문 전화가 넘쳐서 단순 문의 전화는 낮에 고객 센터로 문의하시라 부탁드릴 정도였다. 바로 이 시기가 국내 투자자들이 미국 주식에 직접 뛰어들기 시작한 첫 순간이었다.

그리고 지금, 미국 시장을 한 번 경험한 투자자들은 국내 주식에 돌아오지 않고 있다. 아직도 꾸준히 미국 주식을 거래하면서 선진 주식 시장이 주는 달콤한 열매를 만끽하고 있다. 한국결제예탁원KSD이 집계한 해외 주식 거래대금 현황도 해를 거듭할수록 두 자리 성장세를 보이고 있다. 먹을거리가 떨어진 국내 주식 시장에서 글로벌 1등주들의 집합체, 미국 주식 시장으로 전환되는 시점이었다.

요즘 들어 한국 투자자들 사이에 최대 화제는 단연 미국이다. 2014년 6월, S&P500과 나스닥지수가 IT버블이 한창이던 1998년 이후 16년 만에 '6분기 연속 상승'이라는 기록을 달성했다. 2014년 8월에는 S&P500지수가 사상 처음으로 2000을 돌파하면서 미답의 땅을 밟았다. 1998년 2월 1000선을 넘은 뒤 16년 만의 일이다. 현재 시가총액 1위에 올라선 애플은 97년 말 29억 달러에서 16년 만에 6,400억 달러로 220배나 수직 상승했다.

2014년 8월을 기준으로 지난 5년간 미국의 나스닥지수는 약 126% 상승률을 보여준 반면, 한국은 28% 상승을 기록했다. 기간을 더 짧게 잡아 최근 2년간 상승률을 보면 미국 48%, 한국은 8%를 보이고 있다. 현재 미국 증시는 수익 대비 주가가 17배 정도로 지난 15년 동안의 평균(16.8배)에 비해 그다지 높지 않아서 증시가 더 상승할 여력은 아직도 충분하다.

이런 영향으로 미국 주식에 대한 관심이 높아지면서, 미국 증시에 상장된 종목을 직접 골라 사고파는 '미국 주식 직구족'도 함께 늘어나고 있다. 문제는 무슨 주식을 사느냐이다. 전문가들이 꼽는 공통적인 원칙은 '글로벌 1등주'에 투자하라는 것이다.

시장을 이기는 투자자는 없고, 시장을 이기는 종목은 찾기 힘들다. 안 되는 곳에서는 아무리 잘 해보려고 노력해도 성공하기 어렵다. 그래서 '큰 시장'을 찾아 미국 주식 시장에 투자하는 눈치 빠른 한국의 투자자들이 늘고 있는 것이다. 이제는 전 세계 주식 시장의 1.8%(시가총액 기준)에 불과한 대한민국을 벗어나 잘 차려진 '글로벌 1등주들의 만찬'을 즐겨야 한다.

현재 세계 경제의 중심에서 영향력을 발휘하며 글로벌 시장을 이끌어가고 있는 기업은 대부분 미국 주식 시장에 상장되어 있다. 그중에서도 글로벌 시장의 선두에 있는 글로벌 1등주에 주목해야 한다.

필자는 미국이 금융위기를 겪던 시절부터 회복에 이르는 시기까지 모든 상황을 직접 현장업무를 통해 경험했다. 새로운 투자의 패러다임과 트렌드가 형성되는 것을 누구보다 가까이에서 지켜보았다. 그리고 미국 주식을 통해 엄청난 부를 축적하기 시작한 일부 고위층 또는 전문직 이상의 정보에 발 빠른 투자자들과 기관의 투자 기법을 누구보다 옆에서 관찰하고 연구할 수 있었다.

이제 이 책을 통해 '아직도 주식은 한방이다!'란 생각을 가지고 대박주를 쫓아 베팅하는 전근대적인 투자법을 고수하는 국내 투자자들에게 과감히 미국 주식이라는 선진 주식 투자 패러다임을 공개하고자 한다.

저성장시대의 한국을 벗어나 새로운 투자 대안이 될 미국 주식 시장, 검은머리 외국인이 되어 공략해보자!

차례

왜 **지금, 미국 주식**에 올라타야 하는가?

트렌드 리더들의 집합체, '미국 주식 시장'

"비 온 뒤에 땅이 굳는다." "위기가 기회이다."

모두 지난 2008년 금융위기를 대변하기에 적절한 말이다. 미국 발 금융위기(서브프라임 모기지 사태)가 증시에 미친 영향은 실로 대단했다. 모든 투자의 기준이 금융위기를 중심으로 리셋Reset될 정도로 미국 발 금융위기는 글로벌 국가의 모든 투자 자산에 큰 영향을 끼쳤다.

아직도 금융위기 이후 나타난 투자 패턴을 고려하지 않고 전근대적인 방식으로 주식 투자를 하고 있다면, 반드시 이 책을 통해 짚고 넘어

가기를 바란다. 과거의 기록은 미래의 기대수익에 큰 영향을 미친다. 올바르지 못했던 투자 방식을 재점검하고, 금융위기 이후 수익을 창출한 투자 패턴을 반드시 학습하여 미래를 대비해야 한다.

무엇보다도 투자의 시야를 국내 주식에만 제한하지 말고 해외도 함께 바라보는 넓은 세계관이 필요하다. 지금 글로벌시대에는 미국 주식에 투자하는 것이 하나의 트렌드가 되었다. 미국 주식에 도전하는 것을 두려워한 채 국내 주식에만 머물러 있는 것은 글로벌시대의 트렌드를 역행하는 것이다.

앞으로 미국 주식에 대한 투자자의 관심이 더욱 뜨거울 것이다. 이 책에 소개하는 내용들을 꼼꼼히 읽고 따라만 해도 미국 주식 직구(직접 투자)도 생각만큼 어렵지 않다는 사실을 깨달을 것이다.

먼저 투자의 기준을 금융위기로 세우고, 미국 시장을 아래와 같이 3개의 구간으로 나누어 정리해보았다.

폭락 구간(금융위기) → 회복 구간(고수익) → 성장 구간

그림 1-1에서 보듯이, 첫 번째 단계인 '폭락 구간2008~2009'에서 미국의 거대 금융주들은 줄줄이 무너졌다. 대규모 감원, 파산보호 신청 기사가 지면을 도배했고 투자자들은 공포에 빠졌다. 가지고 있던 주식이 상장폐지와 함께 휴지조각이 됐고, 트레이더들은 매도Sell하기에

금융위기 이후 미국 주가의 흐름

Week of Jun 30, 2014: ■ ^DJI 17068.26 ■ ^IXIC 4485.93

나스닥지수

상승 구간

회복을
넘어
상승

다우지수

회복 구간 (고수익)

꾸준한
상승세

폭락 구간 (금융위기)

지수
50% 폭락

80%

60%

40%

20%

0

-20%

-40%

2007 2008 2009 2010 2011 2012 2013 2014

(자료:Yahoo Finance)

© 2014 Yahoo! Inc.

|그림 1-1| **금융위기 이후 미국 주가의 흐름 :** 금융위기 이후 2009년까지는 미국의 주가지수가 폭락했으나 2009년에서 2013년까지 미국 정부의 지금 투입으로 다시 상승세로 돌아섰고, 2014년 6월 현재 나스닥지수는 6분기 연속 상승을 기록 중이다.

바빴다. 이 구간은 전쟁터나 다름이 없었다. 눈 깜짝할 사이에 미국을 비롯한 글로벌 국가의 주요 주가지수가 몰락한 참담한 시기였다.

하지만 이런 공포 구간에서 대한민국의 일부 투자자들은 처음으로 미국 주식을 사들이기 시작했다. 그들은 미국 주식 자산이 없었기 때문에 잃을 게 없었다. 발 빠른 국내 투자자들에게 미국의 주가 폭락은 오히려 기회로 다가왔다.

시장이 공포로 변하자, 투자 자산은 모두 하락하고 안전 자산 선호 현상이 강해지기 시작했다. 이때 미국에서 슈퍼스타로 급부상한 상품이 있었는데, 바로 ETF_{Exchange Traded Fund}였다. 개별 종목 투자 위험이 높았기 때문에 전체 지수에 베팅하는 소극적인 투자자들이 늘어났고, 지수의 수익률과 반대로 움직이는 인버스_{Inverse or Short} ETF가 미친 듯이 팔리기 시작했다. 시장의 하락세에 투자하기 시작한 것이다.

두 번째 구간은 '회복 구간_{2009~2013}'이다. 미국은 이 시기에 막대한 자금을 투입해가며 기업 살리기에 총력을 기울였다. 그리고 애플, 구글 같은 새로운 강자들이 매번 좋은 실적을 내면서 지수를 끌어올리기 시작했다. 시장의 예측을 뛰어넘는 어닝서프라이즈가 지속되고 경기민감주, 레버리지(2배, 3배) ETF 등이 인기를 끌었다. 낮은 금리 덕에 시장에서 자금조달이 쉬워지자, 모든 투자 자산에 자금이 몰려들기 시작했다.

주식과 채권은 부의 상관관계라고 하여 통상적으로 주식 시장이 무너지면 안전 자산 선호 현상이 부각되어 채권 시장에 돈이 몰리는 경우가 많다. 그러나 이 시기에는 주식과 채권은 물론 상품 자산Commodity까지 함께 상승하는 모습을 보여주었다. 교과서적인 경제 공식의 틀에서 벗어난 시기였다. 그리고 위기를 기회로 만들 수 있었던 구간도 바로 이 구간이었다. 상식을 뒤엎을 만큼 막대한 자금이 쏟아져 들어왔기 때문이다.

필자도 이 구간에 투자세미나와 방송을 통해 다우지수가 14000(전 고점)으로 가기 전에 미국 주식을 사라고 목이 쉬도록 외쳤던 기억이 난다. 왜냐하면 "미국은 절대 몰락하지 않는다."는 전제조건을 머릿속에 심고 베팅했기 때문이다. 이 회복의 시기에서 정부와 기업의 엄청난 노력이 뒷받침되자 증시에서도 큰 수익이 발생했다.

이 구간에서 미국 주식을 매수하지 못했다 하더라도 크게 걱정할 필요는 없다. 바로 다음 구간이 우리를 기다리고 있기 때문이다. 마지막 세 번째 구간은 '성장 구간2013-현재'이다. 바로 지금 우리가 이 책을 읽고 있는 시점이다.

회복을 마친 미 증시가 회복을 넘어 성장으로 가고 있다. '전 고점을 넘어 과열 구간으로 가는 것 아닌가?' '증시가 지칠 수 있는 것 아닌가?'라는 생각을 가질 수도 있지만, 미국은 금융위기로 인해 지난 5년을 성장이 아닌 회복에 쏟아 부었다. 모든 힘과 시간을 복구에 소비한 만큼, 현 시기는 금융위기로 잃어버린 5년의 수익을 되찾아 오는 과정인 것이다.

증시도 금융위기 이전 수준 이상으로 복구되었고, 정부도 테이퍼링 (Tapering : 출구 전략. 연방준비제도가 양적완화의 규모를 조금씩 줄여 나가는 것. '끝이 뾰족해지다'라는 뜻을 가진 테이퍼링은 벤 버냉키 Fed 전 의장이 발언하면서 유명해졌다) 등을 통해 부양정책을 지속적으로 줄일 의지를 보이고 있다. 이제는 미국 경제가 정부의 지원이 줄어들더라도 자생할 수 있을 만큼 컨디션을 회복했다는 의미이다.

그럼 앞으로 미국의 상승세는 누가 주도하며, 그 희망의 근거는 어디에서 찾을 수 있을까?

필자는 그 해답을 미국의 기업들에서 찾고 있다. 이들이 보여주는 성과에 따라 미국은 회복을 넘어 바야흐로 완벽한 성장 모멘텀을 가져갈 것이다. 정부가 나라를 지켜냈으니 이제는 백성이 논밭을 경작하고 수확해야 하는 시기이다. 다행히도 최근 변화하는 산업과 이들을 이끌어가는 기업의 경쟁력은 미국의 미래를 다시 장밋빛으로 물들이고 있다. 바로 이 시기에 우리는 새로운 산업을 주도하는 '트렌드 리더Trend Leader'에 투자해야 한다.

새로운 트렌드를 만들어내는 모멘텀이 강한 미국 기업에 투자하고, 아직 회복기에 있는 시장(유럽, 일본, 중국)은 ETF를 통해 분산 투자하는 포트폴리오를 추천한다.

글로벌 시장의 선두에 선 기업들은 곧 세계적으로 '새로운 트렌드'

를 만들어내는 기업들이다. 대중에게 많이 팔리는 상품을 개발하는 기업만이 성장할 수 있다. 상품이 팔리지 않으면 기업의 실적은 떨어지고 주가도 하락한다. 그리고 그 팔리는 상품의 기준은 새로운 트렌드에 의해 결정된다.

투자의 귀재, 워런 버핏이 2014년에 보유하고 있는 주식 TOP 10은 대부분 미국 증시에 상장되어 있다. 워런 버핏이 보유한 10대 주식으로는 웰스 파고, 코카콜라, IBM, 아멕스, P&G, 월마트, 엑슨모빌, US뱅코프, 디렉TV, 골드만삭스 등 미국 대형주들이 대부분이다.

왜 그럴까? 현재 세계 경제의 중심에서 영향력을 발휘하며 글로벌 시장을 이끌어가고 있는 기업들이 대부분 미국 증시에 상장되어 있기 때문이다.

워런 버핏의 투자 형태를 보면, 기업의 '가격'이 아닌 '가치'에 초점을 맞춰 투자할 기업을 선정한다. 주가의 등락에 따라 투기를 하는 것이 아니라 기업의 경영 실적을 분석해서 기업의 10년, 20년 후를 내다보고 장기적인 투자를 하는 것이다.

우리가 말하는 투자Investment란 투기Speculation와 다르다. 《현명한 투자자》의 저자 벤저민 그레이엄의 정의에 따르면 "투자란 원금이 보장되고 적절한 수익이 보장되는 행위이고 그 외의 것이 투기이다(벤저민 그레이엄은 굳이 투기를 하겠다면 1. 절대 여유 자금을 가지고 2. 정신 바짝 차려서 3. 본업에 지장을 주지 않을 정도로 하라고 하였지만 그런 사람을 보기는 쉽지 않다)."

'주식은 한방이다'라는 개념을 버리자. 양날의 검과도 같은 것이 바로 주식이다. 같은 검을 쥐어 줘도 어떤 투자자들은 눈앞의 한방을 위해 무리하게 휘두르다가 자신의 검에 손목을 베이고, 어떤 투자자는 뚜렷한 목표와 꾸준한 인내심을 가지고 양날 검의 이점을 모두 사용한다.

주식은 어떤 자산보다 장기 수익률에서 가장 위대하다고 평가되는 자산 중 하나이다. 그 자산을 만들어내는 것은 바로 '나 자신'이다. 주식은 한방이라는 인식을 버리고 좋은 기업에 투자하는 습관을 이제부터라도 갖자.

지난 5년간 수익률, 코스피 28% vs 나스닥 126%

자, 그럼 지난 5년을 기준으로 나에게 5,000만 원의 투자금이 있고, 5가지 투자 항목에 각 1,000만 원씩 투자했다고 가정해보자. 투자 자산은 ① 국내 코스피 ② 한국 부동산 ③ 강남 부동산 ④ 미국 나스닥 ⑤ S&P500지수이다.

그 결과는 다음과 같다.

투자국가	항목	투자(전)	투자(후)	투자기간	수익률
한국	국내 코스피	1,000만 원	1,330만 원	5년	+33.10%
	국내 부동산	1,000만 원	1,119만 원	5년	+11.96%
	강남 부동산	1,000만 원	968만 원	5년	-3.10%
미국	S&P500	1,000만 원	1,987만 원	5년	+98.70%
	나스닥	1,000만 원	2,296만 원	5년	+129.65%

※ 5년간의 수익률이 뒤에 나오는 '지난 5년간 미국과 한국 주가지수 비교'와 다소 차이가 나는 것은 기준일이 달라서이다.

필자는 위와 같은 투자 결과를 필자의 지인과 함께 연구하여 아래와 같은 결론을 도출해냈다. 부연 설명은 아래 이창섭 교수의 글로 대신하겠다.

미국 주식, 국내 주식, 국내 부동산 추이

그림 1-2 그래프는 2009년 8월부터 2014년 8월까지의 지난 5년간 미국 주식지수, 국내 주식지수, 국내 부동산지수 추이현황을 나타낸 것이다 (2008년 금융위기는 미국 및 국내 주식을 비롯한 대부분의 경제활동에 큰 영향을 미쳤으므로, 본 그래프에서는 2008년 금융위기 이후부터의 추이 현황을 살펴보았다). 본 그래프에서는 독자들의 직관적인 이해를 돕기 위해 각 지수의 시작 단위(2009년 8월 기준)를 100으로 통일하였다.

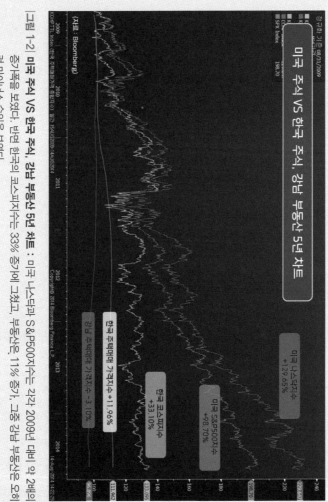

미국 주식 VS 한국 주식, 강남 부동산 5년 차트

미국 나스닥지수
+129.65%

미국 S&P500지수
+98.70%

한국 코스피지수
+33.10%

한국 주택매매 가격지수 +11.96%

강남 주택매매 가격지수 -3.10%

(자료 : Bloomberg)

|그림 1-2| 미국 주식 VS 한국 주식, 강남 부동산 5년 차트 : 미국 나스닥과 S&P500지수는 각각 2009년 대비 약 2배의 증가율을 보였다. 반면 한국의 코스피지수는 33% 증가에 그쳤고, 부동산은 11% 증가, 그중 강남 부동산은 오히려 마이너스 수익을 보였다.

우선 우리나라의 대표 주가지수인 코스피를 살펴보자. 코스피지수는 2014년 8월 133.095이다. 이는 2008년 8월에 100이었던 것이 약 33.095% 상승함으로써 133.095가 되었다는 것을 나타낸다. 쉽게 말하면 5년 전에 당신이 1,000만 원을 국내 주식인 코스피에 투자하였다면, 지금 1,330만 원의 가치가 되었다는 것이다.

그렇다면 국내 부동산지수는 어떨까? 알다시피 부동산은 과거 80~90년대 가장 매력적인 투자 수단의 하나였다. 그러나 국내외 부동산 버블 붕괴 및 미국 발 서브프라임 모기지 사태에 따른 금융위기로 인해, 최근 들어 많은 이들이 부동산에 투자하는 것을 망설이고 있다.

이러한 상황은 그래프에서 쉽게 관찰할 수 있다. 한국 주택매매 가격지수는 지난 5년간 거의 완만한 수준 11.96%으로 소폭 상승(100 → 111.962%)한 반면, 강남 주택매매 가격지수는 오히려 −3.104%으로 하락(100 → 96.896)하였다. 국내 주택매매 가격지수의 상승률은 코스피지수의 상승률 33.10%에 크게 미치지 못하고 있다. 금융위기 이후 투자 상품으로써 부동산은 그리 매력적이지 않다.

그렇다면 국내 기업의 주식을 사는 것이 유일한 해답이었을까?

이 책의 주인공이라고 할 수 있는 미국 주식지수인 나스닥지수와 S&P500지수를 그래프에서 살펴보자.

나스닥과 S&P500지수는 모두 2008년부터 2014년까지 코스피보다 가파른 상향곡선을 나타내고 있다. 보다 세부적으로 살펴보면 2014년 8월 기준 나스닥지수는 229.647, S&P500지수는 198.70으로 2009년 8월에 비하여 각각 129.647%, 98.70% 상승하였다. 5년 전에 1,000만 원을 미국 주식(나스닥 또는 S&P500)에 투자하였다면, 지금은 약 두 배의 가치 (2,296만 원 또는 1,987만 원)가 되었다는 것을 의미한다.

이렇듯 미국 주식지수 증가율은 국내 주식지수에 비하여 월등히 높다. 이것이 미국 주식에 관심을 가져야 하는 이유이다.

그런데 왜 주변에 많은 사람들이 주식 투자를 만류하는 것일까? 이에 대한 답을 얻기 위해서는 기본적으로 위험Risk과 수익Return 간의 관계를 먼저 이해하여야 한다.

주식은 사고팔기 쉽다. 내가 어떤 귀한 보석을 소유하고 있다고 했을 때 나중에 이것을 팔려고 하면 시간이 제법 걸린다. 그러나 주식은 그렇지 않다. 인터넷의 발달로 책상에 앉아서도 단 몇 분 만에 사고팔 수 있다. 그리고 이 사고파는 과정을 배우기도 매우 쉽다.

이런 장점에도 불구하고 주식 투자는 항상 도박과 함께 '손대면 안 되는 것'이라는 인식이 박혀 있다. 이는 주식 투자에 리스크가 존재하기 때문이다. 리스크를 관리하는 것이 어렵기 때문에 종종 쪽박을 차는 사람들이 등장한다.

일반적으로 위험이라고 하면 부정적인 의미이겠지만, 자본 시장에서는 다소 다른 의미를 가진다. 자본 시장에서 위험은 불확실성Uncertainty의 의미를 포함하는데, 위험이 높으면 수익이 높아지나 반대로 위험이 낮으면 수익은 낮아진다. 이는 마치 자동차의 엔진 크기와 연비의 관계와 비슷하다. 자동차의 엔진이 크면 기름을 많이 먹지만 자동차의 엔진이 작으면 기름을 적게 먹는 것처럼 위험과 수익률 간에 양(+)의 상관관계가 있음을 이해해야 한다.

다시 위의 그래프로 돌아가서 위험의 정도를 관찰할 수 있는 부분은 어디일까?

위험은 자본 시장에서 불확실성을 의미하며, 위 그래프에서 곡선의 높낮이 변화로 나타난다. 각각의 높낮이 변화를 살펴보면 부동산지수의 곡선 높낮이 변화는 크지 않다. 그래프에서 표기하지는 않았지만 은행예금 금리의 곡선도 역시 매우 평평한 형태를 띠고 있다.

반면 주식의 곡선은 마치 톱날처럼 높낮이의 변화가 무척 심하다. 주식의 위험은 부동산 또는 은행예금에 비하여 무척 높지만, 그만큼 수익률도 높다는 것을 의미한다.

주식에 투자하는 것은 은행에 돈을 저금하거나 부동산에 투자하는 것보다 상대적으로 위험한 것이 사실이다. 하지만 이는 단기적인 측면만을 보았을 때의 이야기이다. 주변에 주식으로 큰 손해를 입었다는 사람들을 떠올려보자. 아마도 그들은 1분 1초 민감한 주가 변화에 따라 컴퓨터나 스마트폰에 매달려 주식을 반복적으로 사고팔았을 가능성이 높다. 이러한 행위는 주식의 높은 위험을 온몸으로 받아내면서, 자신의 본업에 집중해야 할 시간까지 낭비하고, 계속해서 주식 매매수수료를 지불함으로써 얄미운 증권회사의 배만 불려주는 꼴이다.

은행예금 금리가 바닥을 치고, 집값이 오르지 않는 상황에서 주식은 단기간에 돈을 벌기 위한 도구이기보다는 자신의 자산을 지키기 위한 도구가 되어야 한다. 주식은 단기적으로는 위험하지만, 장기적으로 다른 상품에 비해 반드시 높은 수익률을 약속한다. 그렇기 때문에 장기적인 안목(우량주를 사서 장기간 묵힐 생각)으로 주식에 투자한다면 보다 안전하게 높은 수익을 거둘 수 있다.

지금 세계는 이미 글로벌화되었다. 많은 국내 기업들은 세계 시장에서 선전하고 있으며 '코리아'라는 국가 브랜드 가치도 점점 향상되고 있다. 그러나 아직까지 미국이 세계 경제를 주도하고 있으며, 세계 시장에 대한 미국 기업들의 영향력이 막강하다는 것은 분명한 사실이다.

이러한 시대적 상황에서 투자자들도 변화해야 한다. 할아버지 시대에는 은행에 저금하는 것이 최고였던 것처럼, 아버지 시대에는 부동산을 사는 것이 최고였던 것처럼, 2000년대 초반에는 국내 기업의 주식을 사는 것이 최고였던 것처럼, 지금 글로벌시대에는 미국 주식에 투자하는 것이 하나의 트렌드가 되었다.

미국 주식에 도전하는 것을 두려워한 채 국내 주식에만 관심을 갖는 것은 글로벌시대의 트렌드를 역행하는 것이다. 앞으로 미국 주식에 대한 투자자의 관심이 더욱 뜨거울 것이다.

솔브릿지 국제경영대학 재무·회계학과

초빙교수 이창섭

지금 미국은 '글로벌 1등주들의 만찬'

이제 지난 금융위기 이후 '미국 주식 시장에서 수익이 꽤 많이 났구나!' 정도는 알 수 있을 것이다. 그럼 이제는 국내 주식 시장과 비교하여 분석해보겠다.

최근 2년간 국내 주식 시장이 철저하게 눌려 있던 이유가 무엇일까? 미국의 강한 회복세와 출구 전략, 일본의 아베노믹스를 내세운 글로벌 수출 시장 공략, 이로 인한 한국 기업의 수출 부진, 유럽 시장 회복세에 따른 자금 이동 등 대외적인 악재를 계속 받고 있었기 때문이다.

그림 1-3만 보더라도 한눈에 미국과 국내 주식 시장이 엇갈리고 있다는 사실을 알 수 있다.

국가	지수	1년 수익률	2년 수익률
미국	나스닥지수	25.89%	47.92%
일본	닛케이225지수	14.86%	70.45%
유럽	스탁스50지수	11.32%	26.14%
한국	코스피지수	8.82%	7.63%

(자료: Yahoo Finance / 기준일 2014.8.28)

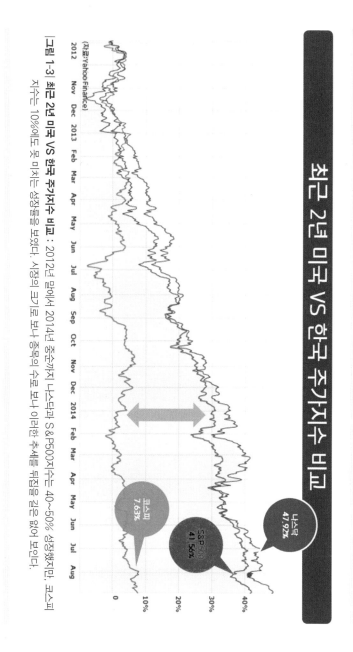

|그림 1-3| 최근 2년 미국 VS 한국 주가지수 비교 : 2012년 말에서 2014년 중순까지 나스닥과 S&P500지수는 40~50% 성장했지만, 코스피 지수는 10%에도 못 미치는 성장률을 보였다. 시장의 크기로 보나 종목의 수로 보나 이러한 추세를 뒤집을 길은 없어 보인다.

최근 2년간 미국과 일본은 40~50%대의 상승률을 보여준 반면, 한국은 불과 7.63%밖에 오르지 못했다. 이제는 플레이그라운드 PlayGround를 넓혀서 투자해야 하는 시기가 온 것이다. 잘되는 시장에 베팅하고 돈이 몰리는 곳에 투자하라. 이것이야말로 투자의 정석이 아니겠는가?

가격은 수요가 공급을 초과할 경우 상승하게 된다. 수익의 기회는 수요가 많은 시장에서 상대적으로 더 많이 발생한다.

WFE 통계에 따르면 2013년 미국 시장의 시가총액은 28조 2,970억 달러를 기록했으며, 전년 동기 대비 22% 증가했다. 반면 아시아 시장의 시가총액은 18조 4,150억 달러로 7% 증가세에 멈췄다. 신기하게도 국내 코스피 수익률과 비슷한 수치를 보인다. 그중 대한민국의 시가총액은 1조 2,500억 달러로 미국의 $\frac{1}{14}$ 수준이다.

미국의 시가총액이 아시아보다 3배가 넘는 증가세를 보인 것은 그만큼 미국 주식으로 자금이 많이 유입되었다는 것을 뜻한다. 투자자들이 아시아보다는 미국의 성장세에 베팅하고 있는 것이다. 아쉽게도 한국은 그 아시아의 일부분에 지나지 않는다. 한국 시장에서 아무리 잘하려고 해도 수익이 나지 않는 이유는 바로 돈이 다른 곳으로 몰리고 있기 때문이다.

한국은 더 이상 프론티어 마켓(Frontier Market : 이머징 국가 중 하위 30개 증시를 묶어서 만든 시장을 말함)이나, 하위권 이머징 국가는 아니므로 글로벌 기업들을 국내 주식과 함께 바라보는 시각이 필요하다.

2013년 미국의 거래대금(전자거래 기준)은 한국의 약 19배가 넘는 수치를 보여줬다. 미국은 2013년 25조 7,220억 달러가 거래되고 한국은 1조 3,330억 달러가 거래되었다. 어림 계산으로 따져보면 우리나라 1년 거래금액의 총합이 미국의 약 10일(거래일 기준) 거래금액을 약간 상회한다고 보면 된다. 실로 엄청난 거래량이다.

금융위기 이후, 국내 시장과 미국 시장을 한 번 들여다보자. 왜 금융위기를 기점으로 봐야 하는지는 이미 설명하였다. 국내 코스피지수는 지난 5년간 28.97% 상승, S&P500지수는 96.78% 상승, 나스닥지수는 약 126.36% 상승을 보여줬다. 국내 증시 대비 S&P500지수는 +334%, 나스닥지수는 +436%의 수익이 발생한 셈이다.

이들 중에 증시를 이끌었던 섹터의 개별 기업들은 더 큰 수익이 났음은 누구나 다 짐작할 수 있다. 지수라는 것은 편입 종목의 평균치이기 때문이다.

주식을 접근하는 방식에는 매크로Macro한 경제 상황에서 종목으로 접근하는 탑다운Top-Down 방식과 전체 종목을 모델링해서 접근하는 바텀업Bottom-Up 방식이 있다. 금융위기 이후 상황은 바로 탑다운 방식이 주요시되는 시장이었다.

미국 FRB의 양적완화(QE : Quantitative Easing, 중앙은행 주도 하에 시중에 통화를 공급하여 신용경색을 해소시키려는 통화정책) 등 경기부양책이 세계 경제를 쥐락펴락했다. 미국을 중심으로 세계 경제가 영향을 받았기 때문이다. 그리고 현재 미국은 강한 회복 기조를 몰아서 전 고점을 넘어 그 위엄을 과시하고 있다. 위기, 회복, 성장까지 모두 미국이 주도적으로 세계 경제를 컨트롤했기 때문에 더더욱 미국 증시에 민감해져야 한다.

반면 국내 시장은 상대적으로 선진국 시장에 밀리고 있다. 미국의 강력한 주도권과 '회복'이라는 슬로건을 내세운 유럽 시장, 그리고 '엔저 정책(아베노믹스 : Abenomics, 아베 총리의 경제정책. 2~3% 인플레이션 목표를 위해 끊임없이 화폐를 찍어 냈다)'을 바탕으로 필사적으로 밀어붙이고 있는 일본 시장을 상대로 힘든 싸움을 벌여야 하는 시기이다. 이런 이유로 지난 5년간 우리가 국내 주식 시장에서 재미를 보지 못한 것이다.

금융위기 이후 미국 시장과 이머징 시장도 함께 비교해보겠다. 이머징 역시 지난 5년간 큰 성장을 보이지 못했다. 이머징지수를 추종하는 ETF인 EEM(MSCI 이머징지수 추종, 이머징 주요 기업 약 838개의 종목군으로 구성된 ETF)의 수익률을 보면 약 25.22% 상승에 그쳤다. 코스피지수 상승률과 별반 차이가 없다.

두 시장(한국, 이머징)이 보여준 수익률을 보면 '시장을 이기는 투자자는 없다'가 다시 한 번 더 입증된 셈이 된다. 국내 주식에서 아무리 수익을 내려고 애써도 수익이 나지 않는 이유는, 결국 이머징 시장이

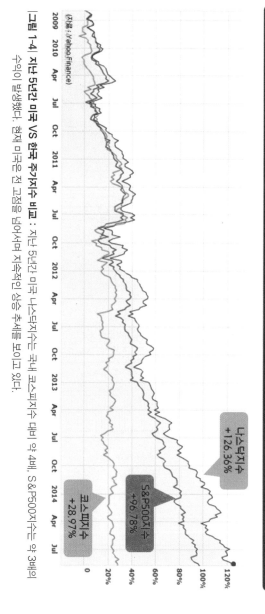

지난 5년간 미국 VS 한국 주가지수 비교 (기준일 2014.08.27)

나스닥지수
+126.36%

S&P500지수
+96.78%

코스피지수
+28.97%

(자료 : Yahoo.Finance)

2009   2010   Apr   Jul   Oct   2011   Apr   Jul   Oct   2012   Apr   Jul   Oct   2013   Apr   Jul   Oct   2014   Apr   Jul

0   20%   40%   60%   80%   100%   120%

| 그림 1-4 | 지난 5년간 미국 VS 한국 주가지수 비교 : 지난 5년간 미국 나스닥지수는 국내 코스피지수 대비 약 4배, S&P500지수는 약 3배의 수익이 발생했다. 현재 미국은 전 고점을 넘어서며 지속적인 상승 추세를 보이고 있다.

지난 5년간 이머징 시장 VS 미국 시장

(자료 : Yahoo Finance)

나스닥지수
+126.36%

S&P500지수
+96.78%

코스피지수
+28.97%

이머징 시장
+25.22%

120%

100%

80%

60%

40%

20%

0

2009 2010 2011   2012   2013   2014
Apr Jul Oct Apr Jul Oct Apr Jul Oct Apr Jul Oct Apr Jul

|그림 1-5| 지난 5년간 이머징 시장 VS 미국 시장 : 지난 5년간 신흥국들이 주식 시장 상황도 국내 주식 시장과 큰 차이가 없었다. 지금이 선진국으로 흘러가는 통에 이머징 시장과 한국 시장 모두 부진을 면치 못했다.

라는 틀 안에 갇혀 있었기 때문이다.

이머징 국가를 추종하는 ETF인 EEM 종목과 S&P500지수를 비교해보면, 2011년 초반까지는 함께 잘 올라가다가 유럽 발 위기가 온 뒤부터 두 지역의 수익률 차이가 벌어지기 시작했다. 이때까지만 해도 이머징 시장의 분위기는 좋았다.

하지만 자금의 이동은 차츰 선진국 시장으로 편중되기 시작했다. 그림 1-5에서 알 수 있듯이, 5년간 이머징 시장 수익률은 25%대에 머무른 반면, 나스닥지수는 126%까지 올랐다. 자금의 이동 경로를 확실히 알 수 있다. 이것이 바로 포트폴리오를 국내 주식에만 치중하지 말고 미국까지 눈여겨보아야 하는 이유이기도 하다.

아직도 숲이머징 시장 너머 저편을 보지 못하고 나무국내 시장만 보는 투자자들에게 꼭 한 번 보여주고 싶은 그래프이다.

가장 뜨거운 해외 주식, '미국 주식 시장!'

올해 미국 증시의 최고 대어로 평가받는 알리바바가 2014년 9월 19일 미국 증시에 상장IPO되면서, 시장에 내놓은 공모가 68달러보다 38% 뛴 93달러로 첫 거래를 마감했다. 알리바바는 사상 최대의 IPO를 성공적으로 치러 내고 미국 시장뿐 아니라 세계 시장의 초대박 기업으로 등극했다.

이에 따라 알리바바의 시가총액은 2,314억 4,000만 달러(241조 6,000억 원)로 집계됐다. 첫 거래일에 시가총액이 무려 630억 달러 이상 늘어난 것이다.

알리바바의 시가총액은 구글(4,031억 8,000만 달러)에 이어 인터넷 기업 가운데 2위이다. 시가총액 기준으로는 페이스북(2,026억 7,000만 달러)을 넘어선 것은 물론, 동종업체인 아마존닷컴과 이베이를 합친 것보다 많다.

전날 공모가 기준으로는 시가총액이 삼성전자(178조 2,000억 원)보다 약간 적었으나 거래 하루 만에 삼성전자를 크게 따돌렸다. 알리바바 지분 34%를 가지고 있는 소프트뱅크 손정의 회장은 단숨에 일본 최고의 부자가 되었다.

현재까지 미국 증시에 상장된 중국 기업 중 시가총액이 가장 큰 종목은 나스닥에 상장된 전자상거래 회사 JD.com이었다. 수익성이 높지도 않은 알리바바의 라이벌 JD.com의 주가는 상장 이후 50% 이상 상승했다. 벌써부터 알리바바의 주가가 1년 후 공모가의 2배가 될 것이라고 마켓워치가 보도했다.

WFE세계거래소연맹 통계에 따르면 2013년 미국 주식 시장 거래대금은 25조 7,220억 달러 규모인 반면(전자거래 기준), 한국의 거래대금은 1조 3,330억 달러로 약 $\frac{1}{19}$ 수준으로 집계됐다. 돈이 몰리는 곳에 수요가 높아져 가격이 오른다. 거래대금만 보더라도 미국 주식 시장의 규모는 한국에 비해 압도적이며 그만큼 수요가 많다는 것을 의미한다.

주식 시장 규모든, 거래금액이든 미국의 주식 시장이 세계의 주식 시장을 선도하고 있다. 경제학의 기초 이론 중 하나가 '수요와 공급에 의한 가격 형성'이다. 돈이 몰리는 곳에 수요가 증가하여 가격이 오른다는 원리이다. 그래서 글로벌 기업들이 미국 주식 시장에 상장하는 것이고, 그 기업들의 성장과 더불어 미국 주식 시장도 지속적으로 성장하고 있다. 이것이 중국 기업 알리바바가 미국 증시에 상장한 이유이다.

금융위기 이후 미국이 좋은 성적표를 보여줬지만, 앞으로도 계속 장밋빛일까? "미국은 지쳐서 쉬어갈 때가 아니냐?" 혹은 "미국 주식 시장은 지금 충분히 고점이다."라고 걱정하는 투자자들도 있겠지만 필자의 생각은 다르다. 미국의 미래는 새로운 트렌드를 이끌어가고 있는 기업들에게 달려 있고, 이들 기업은 여전히 좋은 실적을 내고 있다. 기업이 만들어내는 트렌드는 곧 시장에 반영되고 결국 국가 경제에 이바지한다.

세계 경제 전문가들은 글로벌 경제를 어떻게 예측하고 있을까?

아래 각 리서치 기관별 예측 전망 자료를 살펴보자. 2014년 하반기 및 2015년 전망을 각 리서치 기관별로 보더라도 선진국과 이머징 시장에 대한 의견이 뚜렷하게 갈림을 알 수 있다.

기관	선진국 전망	이머징, 개발도상 전망
UN (United Nations)	완만한 상승	회복 이어지나 강하진 않음
미즈호증권	미국 경제 2.9% 증가 예상 (개인소비 강세, 취업자 수 증가)	아시아 경제 5.9% 증가 예상, 중국의 과도한 투자 제한 으로 인해 경제 성장률은 천천히 우하향 예상
한국은행	세계 경제는 선진국을 중심으로 회복세 강화, 미국 리테일 성장 확대	중국 경기활성화 힘입어 7%대 중반 성장 유지 전망
포스코경영연구소	2014년 하반기 선진국 주도 완만한 회복세 전망	신흥국 성장 정체
우리금융경영연구소	2014년 하반기 선진국 중심 완만한 회복세 전망, 미국 개인소비 강세	경기 하강이 지속되나 금융 불안은 소폭 완화
미래에셋증권	2014년 하반기 선진국 회복세	신흥국 동반 회복세
대외경제정책연구원	2014년 하반기 선진국 회복세	신흥국 성장 둔화

(자료: 각 기관별 리서치 자료)

2014년 하반기 이후 미국, 유럽 등 선진국은 꾸준히 완만한 회복세임을 강조하고 있다. 반면 개발도상국, 이머징 국가의 성장둔화를 하락의 원인으로 조명하고 있다. 이변이 없는 한 결국 선진국 시장이 2015년을 압도할 것이라는 예측이 지배적이다.

주요 리서치 기관의 전망은 기관투자자들에게 큰 영향을 주고, 기관투자자들의 자금 이동은 결국 개인의 자금 이동에도 영향을 끼친다. 리서치 기관의 분석자료를 보면 미국에 유입된 자금은 내년에도 빠져나가지 않을 것을 의미한다.

　UN의 경우 2015년 선진국 경제는 2013년과 마찬가지로 지속적인 상승을 보이고, 이머징은 비교적 강하지 못할 것이라고 예상했다.

　미즈호증권은 미국의 개인소비가 강세를 보이고, 취업자 수가 증가할 것이라고 밝혔다. 미국은 자국민의 소비가 GDP의 70%를 차지하는 국가이므로 개인소비 증가는 증시에 큰 호재로 반영된다. 반면 아시아 경제는 중국의 과도한 투자 제한을 리스크 요인으로 꼽았다.

　한국은행은 선진국을 중심으로 회복세가 강화될 것으로 보고 있다. 특히 미국의 리테일(소매판매) 성장이 확대될 것으로 보고 있다. 미즈호증권과는 달리 한국은행은 중국을 이머징 시장의 성장요인으로 예상하고 있다.

　그 외 기타 여러 리포트들을 종합해보면 이머징 시장에 대해서는 약간의 의견차가 보이지만 선진국 시장의 꾸준한 회복세에 대한 견해는 비슷했다. 즉 우리가 미국 시장을 바라보고 투자해야 하는 이유가 하나 더 생긴 것이다.

미국 발 금융위기와 주가지수

미국 발 금융위기는 2008년 상반기부터 조짐을 보이기 시작했다. 미국의 최대 모노라인(Monolines : 채권보증회사) 기업의 양대 산맥인 MBIA와 암벡파이낸셜의 신용등급이 하락하면서 미국은 전운이 감도는 시장으로 변했다. 그리고 이후 리먼브라더스(Lehman Brothers : 2008년 파산, 당시 부채 규모 6,130억 달러)가 파산하면서 미국의 주요 지수는 50%가 넘는 하락세를 겪게 된다.

리먼브라더스의 부채 규모는 그 당시 세계 경제 17위인 터키의 GDP와 비슷한 금액이었다. 미국 정부의 가장 실패한 정책 중 하나가 바로 '리먼을 파산하도록 내버려둔 것'으로 꼽을 정도로 리먼의 여파는 대단했다. 주가가 반 토막 나자, 시장은 패닉 상태에 빠졌다. 손절매를 할 새도 없이 시장은 하루가 무섭게 폭락하기 시작했다. 미국의 도덕적 해이(Moral Hazard)로 인한 무분별한 신용대출과, 기초자산을 토대로 자산유동화증권(ABS : Asset Backed Securities)을 만들고 그 증권을 자산으로 또 다른 상품을 엮어 내는 등 거미줄처럼 엉킨 투자 자산들은 이내 도미노 효과(Domino Effect)로 줄줄이 무너졌다. 미국도 피해액을 집계할 수 없을 만큼, 그 규모는 엄청났다.

미국 정부는 정말 눈 깜짝할 새도 없이 주저앉았다. 그리고 정신을 가다듬은 2009년 3월 드디어 첫 번째 양적완화(QE : 2009.3~2009.9)를 시행

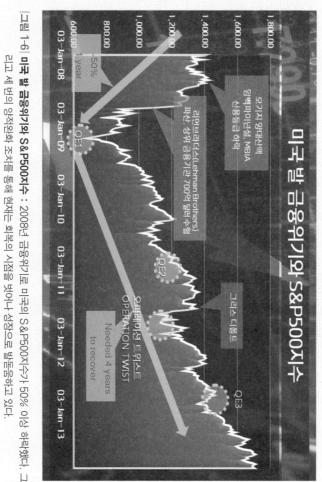

미국 발 금융위기와 S&P500지수

1,800.00					
1,600.00					
1,400.00					
1,200.00					
1,000.00					
800.00					
600.00					

모기지 양대산맥
암백파이낸셜, MBIA
신용등급 하락

리먼브라더스(Lehman Brothers)
파산 상위 금융기관 7000억 달러 수혈

그리스 디폴트

QE2

오퍼레이션 트위스트
OPERATION TWIST

QE3

Needed 4 years
to recover

QE1

50%

1 year

03-Jan-08 03-Jan-09 03-Jan-10 03-Jan-11 03-Jan-12 03-Jan-13

그림 1-6| 미국 발 금융위기와 S&P500지수 : 2008년 금융위기로 미국의 S&P500지수가 50% 이상 하락했다. 그
리고 세 번의 양적완화 조치를 통해 현재는 회복의 시점을 벗어나 성장으로 발돋움하고 있다.

했다. 장기채권을 사들이고 MBSMortgage Backed Securities 매입 규모를 확대했다. 2009년 9월까지 3,000억 달러 규모의 미 국채를 매입하고 기관보증채 MBS를 14조 5,000억 원 규모로 매입했다.

두 번째 양적완화(2010.11~2011.6)에서는 국채 매입 규모를 더 늘렸다. 6,000억 달러를 시장에 뿌리고 장기재무부채권을 매월 750억 달러 규모로 사들였다. 경제를 회복시키고 인플레이션을 적정한 수준으로 복귀시키기 위해 많은 돈을 뿌리기 시작했다. 그리고 2011년 9월 오퍼레이션 트위스트(2011.9~2012.12)가 시행되었다. 3년 미만의 국채를 매각하고 7년 이상의 국채를 매입해 장기 금리를 안정화하려는 노력을 취한 것이다. 이 기간 동안 6,700억 달러의 자금이 시중에 풀렸다.

마지막 3차 양적완화로 매월 850억 달러의 채권을 매입하는 전략을 취함으로써 시장은 천천히 안정되기 시작했다. 그리고 현재는 기업들의 꾸준한 실적, 경제지표 개선, 실업률 하락 등의 요인으로 테이퍼링을 통해 양적완화 자금을 조금씩 줄여 나가고 있다.

미국이 바야흐로 회복의 시점을 벗어나 성장으로 발돋움할 시기임이 분명하다.

02

미국 주식 투자 원칙,
이것만은 반드시 기억하자!

　필자가 미국 주식 업무를 7년째 하면서 가장 흥미로웠던 점은 미국 투자자들과 한국 투자자들의 평균적인 투자 성향(개인고객 기준)이 굉장히 다르다는 것이다. 결론부터 말하면 필자의 눈으로 보기엔 한국은 공격적이고, 미국은 보수적이다.

　앞서 설명한 바와 같이 장기 투자에서 가장 우수한 수익률을 보여 준 것은 다름 아닌 '주식'이었다. 하지만 한국인들은 장기 투자에 매우 약하다. 은행에서 주는 연간 금리 3~4%에는 관대하면서, 주식이 7~8% 수익에 그치면 굉장히 실망스러워 한다. 주식은 "단기간에 몇 배는 올라야 제 맛이지!"라는 한방주의가 만연해 있다.

물론 이중에는 실제로 투자한 종목이 몇 배나 오른 투자자들도 있다. 그러나 현실에서는 그런 일은 극히 드물다. 불확실성에 내 재산을 던지기보다는 수익률은 낮지만 보다 안정적인 투자에 매달리는 것이 더 합리적이다.

미국으로 투자의 세계관을 넓혀라

유명한 리서치 기관에서 "스마트폰 관련 산업이 내년에도 굉장히 폭발적으로 성장할 것이다."라고 예측했다고 가정해보자.

아마 많은 투자자들이 국내에 스마트폰을 만들어내는 기업들과 함께 그 자회사 그리고 협력사가 어떻게 구성되어 있는지를 꼼꼼히 찾아볼 것이다. 언뜻 보면 굉장히 분석적이고 논리적이다. 하지만 이는 분산 투자 논리에서 큰 오류를 가지고 있다. 투자 대상을 국내 기업에만 한정했기 때문이다.

스마트폰 분야에서 삼성전자와 맞대결을 펼치고 있는 기업은 애플이다. 만약 애플이 다시 한 번 시장을 잡아먹을 만한 획기적인 제품을 개발했다고 가정해보자. 국내 판매량과는 비교도 안 될 정도로 큰 해외 시장에서 투자자들이 너도나도 애플 주식을 산다면, 결국 애플과 삼성전자의 주가는 크게 벌어지게 될 것이다. 여기서 국내 투자자

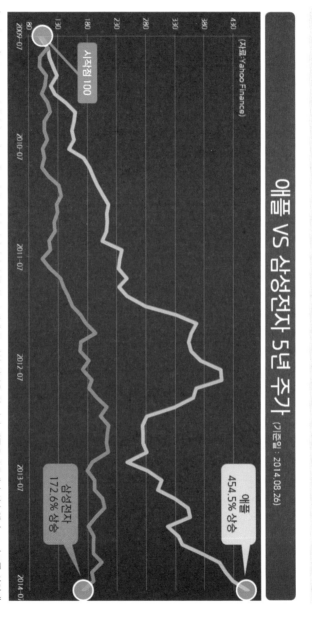

애플 VS 삼성전자 5년 주가 (기준일 : 2014.08.26)

(자료 : Yahoo Finance)

시작점 100

애플
454.5% 상승

삼성전자
172.6% 상승

|그림 2-1| 애플 VS 삼성전자 5년 주가 : 지난 5년간 삼성전자의 주가는 2배에 못 미친 성장을 한 반면 애플은 4.5배가 상승했다. 스마트폰 산업에 투자한다고 할 때 국내뿐만이 아니라 해외를 통틀어 글로벌 1등 기업에 투자해야 더 큰 수익을 얻을 수 있다.

들은 삼성전자와 관련된 기업의 주식만 사 놓았기 때문에 적지 않은 타격을 받게 된다. 실제로 지난 5년간 애플과 삼성전자의 주가 차이는 그림 2-1처럼 크게 벌어지는 추세이다.

반면 애플과 삼성전자를 동시에 포트폴리오에 넣고 실적과 매출액이 차이가 나기 시작할 때, 애플에 조금 더 투자 비중을 늘린 투자자는 성공을 맛보았을 것이다. 쉬워 보이지만 애플의 주가를 삼성전자와 함께 넣어 놓고 투자하는 투자자는 그리 많지 않다.

그렇기 때문에 경쟁사들의 주식을 함께 투자할 수 있는 넓은 세계관을 가져야 한다. 매수하지는 않더라도 적어도 포트폴리오 관심종목에 넣어 놓고 주가의 방향을 비교해보자. 해외 주식은 이제 선택사항이 아닌 필수사항이기에, 삼성전자만 보지 말고 애플과 구글 등 다른 경쟁사들의 주식도 항상 함께 고려해야 한다.

뷔페에 가면 화려한 먹을거리가 우리를 기다리고 있다. 만약 내가 고기를 유난히 좋아해서 고기만 잔뜩 먹는다면 나의 기분은 상당히 좋을 것이다. 하지만 이것이 나의 몸 상태에 최선은 아니다. 기름진 음식만 먹었기 때문에 살이 많이 찔 수 있고 콜레스테롤 수치도 올라간다. 이것은 고기만 먹을 때의 리스크이다.

하지만 채소나 다른 음식들도 같이 먹는다면 내가 먹고 싶은 것만 먹을 때보다 기분은 좋지 않겠지만 영양소 섭취가 고루 잘 될 수 있다. 이것이 분산 투자로 인한 리스크의 감소이다.

분산 투자는 개별 자산으로부터 오는 위험을 분산시킨다. 향후 경제가 어떤 방향으로 움직일지, 물건의 가격이 어떻게 변동할지 등에 대한 시장 전망 등을 참고하고 적절히 투자 기간을 배분하여 자산을 운용하는 것이 최선의 방법이다.

매우 뛰어난 투자자가 아닌 이상은 충분한 분산 투자를 해야 한다. 분산 투자를 통해 잘못된 한 종목에 투자해 돈을 잃을 가능성이나 장기간 저평가된 주식이 오르지 않아 수익을 얻지 못하는 것을 보완할 수 있다. 또한 분산 투자를 할 때 한 분야에 한해서만 포트폴리오를 구성하면 안 된다. 가령 특정 기술 종목에 한해 구성된 포트폴리오는 올바르게 분산 투자됐다고 할 수 없다.

10년을 보유할 우량주에 투자하라

필자의 지인들 중 의사, 변호사, 교수 등 전문직 종사자들에게 투자에 대해서 물어보았다. 놀랍게도 대부분은 높은 투자 수익률보다는 '안정적이고 끊임없는 투자 수익'을 1순위로 꼽았다. 공격적인 투자High Risk, High Return를 통한 수익 기대보다는 '자산 감소'에 대한 두려움이 더 컸다. 수익률보다는 안정적인 투자 자산과 절세Tax Reduction에 관심을 더 많이 가졌다.

이들이 선호하는 주식은 '상위 우량주'였다. 투자에 대한 개념이 확실했다. 초저금리시대에 은행적금은 돈을 묶히는 일이라는 것을 알고 있으며, High Risk High Return의 개념도 잘 알고 있었다.

또한 '세상에 공짜 점심은 없다'는 경제학의 기초도 잘 이해하고 있었다. 이들에게 국내 시장에 상장된 주식은 최근 눌려 있는 증시 탓에 큰 메리트로 다가오지 못했고 부동산 시장도 침체되어 이들에게 어필하지 못했다.

하지만 해외 주식에는 큰 관심을 보였다. 월마트, 엑슨모빌, 애플, 스타벅스, 구글 등의 기업들이 한국 기업보다는 더 안전하고 오래갈 것이라는 확신을 가지고 있었기 때문이다. '대마불사Too Big To Fail'의 강력함은 지난 금융위기 당시 기업들이 직접 보여주었다. 위험을 동반한 높은 수익률 대신 '은행금리, 오피스텔 임대수익보다는 훨씬 높되, 비교적 안정적인 투자처'를 선호하는 것이다.

주식 투자에 있어서 가장 큰 'High Risk'는 기업이 망해서 그 회사의 주식이 휴지조각이 되는 경우이다. 그래서 이 기업은 절대 망하지 않는다는 확신을 가진 우량주Blue Chips라고 불리는 기업에 투자한다. 큰 기업은 쉽게 망하지 않는다는 대마불사가 어느 정도 시장에서 통용되고 있다는 것을 믿고 있기 때문이다.

아마 국내에서는 삼성전자, 현대차, POSCO, 현대모비스, 기아차, 삼성생명 등을 우량주로 꼽을 것이다. 하지만 국내에서 아무리 크다

한들 글로벌 기업에 비하면 아직 덩치가 매우 작은 편이다. 그리고 한국 기업의 주요 경쟁사는 이제 글로벌 기업들이기 때문에 포트폴리오 구성 시 반드시 글로벌 기업들의 움직임도 함께 살펴봐야 한다.

과거에는 한국 경제가 고성장했기 때문에 해외로 굳이 시선을 돌릴 이유가 없었다. 하지만 최근 수년간의 코스피지수 횡보 국면에서 보듯이 이제는 우리 경제가 저성장 기조가 이어지고 있어서 시중 금리 + α의 수익을 내기가 어려운 시기이다.

반면에 미국과 같은 선진국 시장의 흐름을 잘 따라갔다면 최근 몇 년간의 국내 시장 부진을 만회할 수 있었을 것이다. 국경 없는 돈의 흐름, 선진국 중심의 글로벌 경제 환경을 고려한다면 이제는 우리도 투자의 시야를 빠르게 넓혀서 자산을 배분해야 한다.

그래서인지 최근 대한민국 주식 시장을 넘어 해외 주식을 직접 사서 투자하는 직구족이 늘고 있다. 현재 대한민국 해외 주식 '직구족'의 거래 규모는 2012년 29억 달러에서 2014년에는 1분기에만 17억 달러, 우리 돈으로 1조 7,000억 원을 넘어섰다.

이제 우리나라도 자고 일어나면 주식이 올랐던 과거의 신흥국 방식의 경제 구조를 탈피한 지 오래이다. 한국 경제는 저성장 기조가 이어지고 있어서 시중 금리를 넘어서는 수익을 내기가 더욱더 어려워지고 있다.

또한 국내 주식 시장의 경우 수년간 박스권을 벗어나지 못하고 있

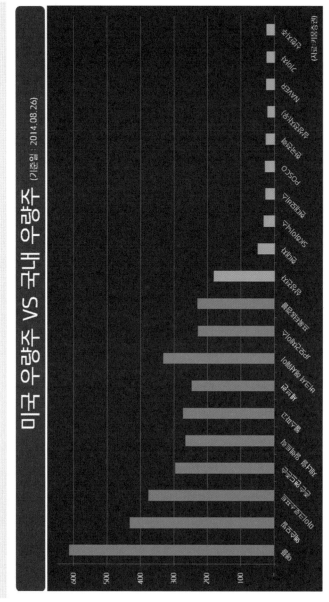

미국 우량주 VS 국내 우량주 (기준일: 2014.08.26)

(자료: 키움증권)

|그림 2-2| **미국 우량주 VS 국내 우량주** : 시가총액을 기준으로 미국 상위 10개 종목과 한국 상위 10개 종목을 비교했다. 각 국가 1위인 애플과 삼성전자의 차이가 3배 이상이고 2~9위로 갈수록 그 격차는 더 심하다. 진정한 우량주에 투자하려면 미국 증시에 주목하자.

다. 이제는 바야흐로 글로벌 포트폴리오를 구축하고 글로벌 우량주에 투자하여 안정적인 수익을 뽑아 내야 하는 시점이 도래한 것이다.

국내에서 최고의 우량주라고 꼽히는 기업들도 해외에서는 그리 큰 비중을 차지하지 못하고 있다. 2014년 8월 포춘 지에서 뽑은 글로벌 500대 기업을 살펴보면, 100위 안에 드는 한국 기업은 단 3개밖에 없다. 나머지 기업들은 대부분 미국, 중국, 일본, 유럽 등의 국가 출신이다. 그리고 이들 기업은 대부분 세계 시장의 중심인 미국 증시에 직·간접적으로 상장되어 있다.

현재 대부분의 증권사가 해외 주식 투자 인프라를 구축해놓았으므로 이제는 국가 구분 없이 글로벌 기업들을 분석하고 포트폴리오에 넣을 수 있는 능력을 습득해야 한다.

그림 2-2를 통해 S&P500지수 시가총액 상위 10종목과 코스피 상위 10종목의 실질적인 시가총액의 크기를 비교해봤다. 국내 최대 규모라는 삼성전자조차도 미국의 애플에 비하면 시가총액이 몇 배나 차이가 난다. 각 국가의 2위 기업인 엑슨모빌과 현대차는 거의 9배 가까이 그 규모가 차이가 난다.

"주식 투자는 우량주다!"를 크게 외치면서 과연 우리는 그동안 진정한 우량주에 투자하고 있었던 것일까? 이제 국가의 구분이 사라진 주식 시장에서 우량주라고 당당히 불릴 만한 미국의 기업들에 관심을 기울이자.

"미국 주식이 좋은 건 당연히 알고 있습니다. 그런데 혹시 이거 투자했다가 주식이 없어지거나 분실될 수 있는 건 아닌가요? 미국 투자는 왠지 머나먼 얘기 같아서요."

예전에 고객 중 한 분이 나에게 했던 질문이다.

아마 이 책을 읽은 상당수의 독자도 이런 생각을 할 수 있다. 하지만 걱정할 것 없다. 고객이 매수한 미국 주식은 국가에서 운영하고 있는 한국예탁결제원KSD을 통해 안전하게 보관된다. 혹시나 이용하고 있는 국내 증권사가 망하더라도 주식은 모두 예탁원을 통해 받아갈 수 있으니 안심해도 된다. 이제는 글로벌 마인드를 가지고 진정한 우량주에 투자하자.

분산 투자 + 장기 투자 = 복리 투자

많은 전문가들은 장기 투자야말로 성공적인 투자로 가는 가장 중요한 방법이라고 이구동성으로 말한다. 시간이 부자를 만들어준다는 장기 투자는 과연 얼마나 오랜 투자를 말하는 걸까?

가치 투자자들이 장기 투자를 하는 이유는 주식이 언제 가치에 도달할지 모르기 때문이다. 일부 개인 투자자들은 짧게는 하루, 아무리 길게 잡아도 겨우 3개월 정도 주식을 가지고 있다가 주가가 오르지 않으면 불안해서 견딜 줄을 모르고 되팔아버린다. 일반 투자자에게는 1년도 도무지 가지 않을 것 같은 긴 시간이다.

앙드레 코스톨라니 역시 30년간의 투자생활에서 장기적으로 성공한 단기 투자자는 한 명도 못 봤다며, 장기 투자야말로 모든 거래 방법 중 최고의 결과를 낳는다고 말했다.

주식 투자는 투자하는 기업의 주주가 되는 행위이기 때문에 장기 투자를 할 때 비로소 큰 힘을 발휘한다. 우량주들로 구성된 포트폴리오에 매월 일정 금액을 적금 붓듯이 오랫동안 투자하는 주식 투자는 반드시 승리한다.

만약 그런 우량 기업이 내부적인 악재를 가지고 있다면 포트폴리오에서 삭제해야 하는지 고민해야 하지만, 시장 전체의 악재로 인한 하락을 보였다면 오히려 좋은 주식을 싸게 살 수 있는 기회라고 여기면 된다. 매월 1개당 5만 원 주고 사던 품질 좋은 제품을 3만 원에 싸게 살 수 있는 것이다.

주가가 빠질 때 투자한 투자자가, 주가가 오를 때 투자한 투자자보다 수익률 측면에서 좋은 성적을 낸다. 그렇기 때문에 우량주에 장기 투자하는 습관이 굉장히 중요하다. 인내심을 가지고 투자하는 주식이야말로 수년이 지난 뒤 빛을 발할 수 있다.

그 예로 S&P500에서 5년간 상위 8개 기업의 수익률을 나타낸 그림 2-3을 살펴보자. 애플, 엑슨모빌, 마이크로소프트, 존슨앤드존

S&P500 상위 8개 기업 5년 주가 수익률 (기준일: 2014.08.26)

(자료 : Yahoo Finance)

애플

예손모빌, 마이크로소프트, 존슨앤드존슨, 제너럴 일렉트릭, 웰스파고, 셰브런, 버크셔 해서웨이

300%
250%
200%
150%
100%
50%
0

2009 2010 Apr Jul Oct 2011 Apr Jul Oct 2012 Apr Jul Oct 2013 Apr Jul Oct 2014 Apr Jul

© 2014 Yahoo! Inc.

|그림 2-3| S&P500 상위 8개 기업 5년 주가 수익률 : 미국의 상위 8개 기업의 5년간 수익률을 보면 등락은 있지만 장기적으로는 결국 모두 상승하고 있다. 50~330%에 이르기까지, 높든 낮든 은행적금이나 한국 주가 수익률에 비하면 엄청난 수치이다.

슨, 제너럴 일렉트릭, 웰스파고, 셰브런, 버크셔 해서웨이……. 이들 주식의 5년 수익률은 최소 50%에서 최대 330%까지 골고루 분포되어 있다.

우량주에 투자하는 투자자들은 큰 수익보다는 안정적인 수익을 기대하는 투자자들이다. 왜냐하면 주식을 사놓고 불안해 할 일이 일반 주식보다 크게 적으며, 그 기업이 망할 확률도 낮기 때문이다.

그러나 상위 8개 기업의 5년 수익률만 보더라도 은행적금, 예금보험 등에 투자하는 것과는 차원이 다른 수익률을 맛볼 수 있다. 이 또한 미국 주식 투자의 장점이라고 할 수 있다. 24시간 데이트레이더가 되어서 모니터를 쳐다볼 여건이 되지 않는다면 우량주에 투자해야(장기+분산) 한다.

그림 2-3을 다시 한 번 들여다보자. 은행적금 금리에 대해서는 1%도 예민하게 반응하면서, 글로벌 최고 기업들이 보여준 50~330% 수익률에 대해서는 아직도 막연한 두려움 때문에 기피할 것인가? 상상할 수 없을 정도의 큰 기업들이 꾸준히 수익을 내고 있음을 반드시 명심하자. 우량주는 장기 투자에 강하다.

물론 본인의 자산이 얼마만큼 증감하고 있는지 실시간으로 보여주는 화면이 있으면 그것만큼 짜릿한 일이 어디 있겠는가? 하지만 수익률 체크만큼 장기 투자에서 미련한 짓은 없다. 왜냐하면 수익률을 체크하기 시작하면서부터 주가가 상승하든 하락하든 심리적으로 불안해지고 조급한 마음이 들기 때문이다. 그리고 이를 이겨내는 투자자는 그리 많지 않다.

주식이 장기적으로 반드시 상승한다는 논리를 가지고 우량주에 투자한 투자자들은 본인이 산 주식의 가격을 잊고 산다. 때로는 수익률에 둔감할수록 시장을 이겨낼 수 있는 힘이 된다. 글로벌 우량주를 선택했다면 단기 수익률에 일희일비하지 말자. 기업의 모멘텀과 장기적 사업구도가 여전히 살아 있다면 걱정할 이유가 전혀 없는 것이다.

대부분의 저평가된 종목은 빠른 시일 안에 오르지 않는다. 심지어 몇 년 이상 기업의 내용과는 다르게 주가가 형성되기도 한다. 그러나 장기적으로 보면 결국 기업의 주가는 실적과 가치를 반영하여 따라가게 되어 있다. 다만 우리는 그것이 언제 일어날지 모르는 것뿐이다.

글로벌 우량주에 투자했다면 어떠한 상황이 오더라도 가치는 반영된다는 점을 믿어야 한다. 투자자의 인내는 쓰지만 열매는 달다. 너무 조급하지 말자.

주식의 상승률과 함께 따라오는 배당금(유상증자, 무상증자, 배당)까지 투자한다면 주식 투자는 복리가 된다. 그 시간이 길면 길수록 투자의 효과는 엄청나다. 뛰어난 기업의 주식을 가지고 있다면 시간은 당신 편이다.

03

미국 주식 시장을 움직이는
트렌드와 **리더 기업**들

1장을 통해 지난 5년간 미국 주식 시장이 크게 상승했다는 것을 알수 있었다. '그럼 오히려 증시 고점이 아닌가?'라고 생각하는 독자도 있을 것이다. 미국 증시가 많이 올랐음에도 불구하고, 필자가 미국 주식 시장에 대한 확신을 가지고 있는 이유는 다음과 같다.

지난 2008년 금융위기 이후 미국은 막대한 비용과 시간을 소비해야 했다. 어떻게든 경제를 원상태로 회복시키기 위해 정부와 중앙은행이 안간힘을 썼고, 그 결과 약 5년 만에 미국은 회복의 발판을 마련했다. 그리고 지난 2013년, 미국의 증시는 전 고점을 돌파하면서 지금까지 쏟아 붓던 자금들도 서서히 줄이고 있다.

FRB의 양적완화 자금이 끊기고 금리가 올라가게 되면 단기적으로는 증시가 하락할 수 있다. 하지만 장기적인 관점에서 봤을 때는 오히려 반가워할 상황이다. 왜냐하면 미국의 경제가 중앙은행의 지원 없이 혼자 설 수 있는 단계에 이르렀다는 의미이기 때문이다. 이제는 기업들의 실적에 미국의 앞날이 달려 있다.

필자는 미국의 기업들을 매우 긍정적으로 본다. 미국을 이끌어가는 기업들이 꾸준히 새로운 트렌드를 만들어내고 있기 때문이다. 새로운 트렌드를 만드는 데 있어서 미국만큼 창의적인 나라는 없다. 시장에 돈을 아무리 많이 푼다고 하더라도, 경제의 근간이 되는 기업의 제품product이 팔리지 않는다면 아무런 의미가 없다. 이제는 바야흐로 기업들이 나서서 꾸준한 모멘텀을 만들어야 하는 시점이다.

현대 사회는 스마트 기기 등 획기적인 제품의 등장으로 새로운 세상을 맞이하고 있다. 이 장에서는 기존의 산업을 새로운 트렌드로 바꾸고 있는 '트렌드 리더와 기업들'을 다뤄보겠다.

남자들의 술자리 이슈 중 빠지지 않는 것이 바로 '주식'이다. 어딜 가나 전문가급(?) 이상의 친구들이 존재한다. 자신이 산 주식이 오를 수밖에 없는 이유를 어려운 금융용어를 섞어 설명하면서 상대방을 설득시키려 한다. 재무제표가 어떻고, 단기 기술적 차트가 어떻고, 매출액이 어떻고……

주식에 문외한 사람들도 이런 이야기를 들으면 나도 왠지 꼭 사야만 할 것 같은 생각이 든다. 지금 주식에 대해 장황한 이야기를 늘어 놓는 당신이 글로벌 대형 투자은행 애널리스트급의 실무 경험을 가지고 있거나, 하루 12시간 이상 주식 투자를 위해 시간을 할애할 수 있는 형편이 아니라면 그런 자신감은 버리기를 바란다. 어설픈 지식은 오히려 독이 될 수 있다.

같은 상황의 술자리에서 필자에게 "왜 애플 주식을 샀는데?"라고 물으면 간단하게 한마디만 던질 것이다.

"지금 잠깐 테이블 뒤를 돌아봐, 모두가 아이폰 쓰잖아!"

투자 종목을 선정할 때 가장 중요한 것은 그 기업이 파는 '상품Product'이다. 그리고 그 상품은 트렌드에 의해 결정된다. 즉 대중적으로 많이 팔리는 상품이 기업의 미래를 좌우하는 것이다.

어떻게 보면 가장 단순한 원리인데, 주식 투자자들 중에는 이를 무시하는 사람들이 많다. 차트가 기업을 먹여 살려주지는 않는다. 기업의 재무제표, 대차대조표, EPS, PER, PBR, 실적 등이 아무리 좋다고 해도 상품이 인기를 잃으면(많이 팔리지 않으면) 그 기업의 실적은 바닥을 치게 되고 주가는 폭락한다. 그만큼 '트렌드'는 주가를 결정짓는 가장 큰 요소이다.

가장 핵심이 되는 제품을 먼저 보고, 그다음 그 회사의 재무 형편이 튼튼하고 건전한지, 내부적인 리스크 요인은 없는지 등을 살펴보는 것이 순서이다. 특히 미국은 GDP의 70%가 자국민의 소비로 이루어지는 국가이다. 그만큼 제품의 트렌드와 품질이 더욱 중요시되는 국가이므로, 내가 투자하려는 종목의 제품은 꼭 한 번 리뷰해보고 접근하는 방식을 택해야 한다.

그렇다면 현재 시장을 주도하는 트렌드는 어떤 것일까? 당연히 막강한 플랫폼을 탑재한 '스마트 기기와 그에 연동된 산업'이다. 스마트 기기가 단순 핸드폰 기능을 넘어 생활 깊숙이 침투하고 가전제품, 자동차, 금융 등 전 산업에 영향을 주고 있다.

가까운 예로 출퇴근길을 생각해보자. 과거에는 지하철에 신문을 읽는 사람들이 많아 지하철 선반에 버려진 신문이 쌓여 있었다. 그리고 신문을 수거하는 어르신들도 심심치 않게 볼 수 있었다. 하지만 지금은 이런 풍경이 거의 사라졌다.

모든 사람들이 스마트폰을 쳐다보고 있다. 단순 문자나 전화통화를 하기 위해서가 아니다. 어떤 이는 뉴스를 보고 게임을 한다. 또 다른 사용자는 SNS에 사진이나 글을 올리며 감정을 공유하고 있다. 그리고 어떤 이는 프레젠테이션을 연습하고, 어떤 이는 영화를 보고 음악을 듣는다. 문자나 전화 기능만 하던 전화기가 생활의 모든 영역에 침투한 것이다.

현재 전자 기기 산업은 이러한 스마트폰 시장을 제외하고 살아남기가 어려울 정도이며, 스마트폰의 호환성은 모든 산업으로 무섭게 침투하고 있다.

56

기존의 전자 기기 산업을 분석해보면 획일화된 상품, 대량생산, 호환되지 않는 플랫폼 등을 특징으로 들 수 있다. 예를 들어 핸드폰을 구입한다고 했을 때, 그 핸드폰에 있는 메뉴는 이미 출시될 시점부터 정해져 있었다. 더 추가할 수도 뺄 수도 없이 프로그램되어 있는 메뉴만 사용해야 했다. 조금 더 발전해서 차기 제품에 메뉴를 늘린다 하더라도 별 차이가 없다. 결정적으로 다른 기업들이 같이 공유할 수 없는 시장이었다.

하지만 이런 방식을 바꾸어놓은 기업이 '애플'이다. 애플은 '아이폰'이라는 획기적인 하드웨어 플랫폼을 통해서 모든 산업을 송두리째 바꾸어놓았다. 같은 아이폰이라도 사용자가 각자 원하는 메뉴를 구성해 사용자들 간에 완전히 다른 아이폰을 사용하는 것이다. 이처럼 아이폰은 마치 영화 〈트랜스포머〉에서 자동차가 변신하듯이 사용자에 맞게 완전히 바뀐다.

아이폰 차기작이 나와도 메뉴 공유가 가능하다. 애플리케이션 시장을 통해 원하는 앱을 공유할 수 있기 때문이다. 과거에 IBM이 하드웨어 PC 시장을 점령하고, 마이크로소프트가 OS 시장을 점령한 것과 같은 일이 모바일 산업에서 지금 일어나고 있다. 이제 그 모바일 시장은 IBM이 일궈 놓은 개인PC 시장을 위협하고 있다.

스마트폰은 생활 그 자체가 되어 가고 있다. 가정, 회사, 자동차, 운동, 레저 등 모든 생활에 침투해서 함께 움직이고 있다. '사물 인터넷

(Internet Of Things : 인터넷을 기반으로 모든 사물을 연결하여 사람과 사물, 사물과 사물 간의 정보를 상호 소통하는 지능형 기술 및 서비스를 말한다)'이라는 신조어도 바로 여기서 탄생했다. 요즘 기업들은 제품을 만들 때 스마트폰과 연동시키려고 부단히 노력하고 있다.

스마트폰 하나만 있으면 내 주변의 모든 생활 기기를 전부 제어할 수 있도록 만든 것이다. 집 밖에서 보일러를 조절하고, 음식을 하고, 청소로봇도 작동시킬 수 있다. 웨어러블(Wearable : 몸에 착용 가능한) 기기를 통해 몸 상태를 항상 측정하고 운동할 때도 컨디션을 체크한다.

최근 유행하는 액션캠Action Cam 등의 캠코더에는 액정 화면이 없다. 스마트폰 화면을 보면서 기기를 컨트롤하도록 만든 것이다. 각종 카메라, 전자 제품도 이젠 스마트폰을 통해 제어한다. 이미 태블릿PC는 기업의 생산 공장에서 제어 장치로 사용되고 있다.

그렇다면 이토록 호환성이 강한 플랫폼 산업의 포인트는 무엇일까? 바로 소비자가 원하는 것을 직접 선택해서, 개인별로 맞춤 제작Customize할 수 있도록 인프라를 구축하는 것이 최근 산업의 포인트이다.

소비자는 애플의 iOS, 구글의 안드로이드를 통해 스마트폰에서 내가 원하는 어플만 골라 사용할 수 있다. 그리고 넷플릭스(Netflix : 온라인 영상 스트리밍 기업)를 통해 내가 원하는 방송, 영화 등을 원하는 시간을 선택해서 볼 수 있다. 과거처럼 인기 방송 프로그램 시간이면 온 국민이 시간 맞춰 자리에 앉아서 TV를 시청하던 시대는 지났다.

자동차 인포테인먼트 시스템은 자동차 주인이 스마트폰을 가지고 차에 다가오기만 해도 주인을 인식한다. 자동차 주인이 원하는 음악, 온도, 시트 포지션 등을 알아서 세팅해준다. 기업 내에서도 기기·설비를 태블릿PC와 연동시키고, 업무에 필요한 비즈니스 솔루션을 제공받기도 한다. 아웃도어 스포츠를 즐길 때는 스마트폰과 연동이 되는 웨어러블 기기들을 몸에 착용하고 자신의 활동을 기록으로 남긴다. 이제는 더 나아가 의료 기기에도 손을 뻗치고 있다.

이런 트렌드의 변화가 시작된 시점은 그리 오래전이 아니다. 지금은 그 과도기의 중간이라고 할 수 있다. 산업이 변화하는 시점에서 이런 트렌드 리더 기업들에 관심을 가져야 하는 것은 주식 투자를 하려면 당연한 일이다. 구글과 애플이 기존의 IBM과 마이크로소프트가 만들어놓은 세상을 무너뜨리고 새로운 강자로 탄생하려고 노력하고 있는 것처럼, 세상은 크게 변화하고 있다.

이 장에서는 그런 트렌드 변화의 중심에 서서 세계 트렌드를 이끌어가고 있는 기업들을 선정하여 다루어보았다. '트렌드의 변화'에 초점을 맞춘 것이다. 단기적인 주가 상승이 기대되는 기업이 아닌, 변화하는 트렌드 산업에서 가장 먼저 고지를 점령하고자 하는 기업을 알리는 것이 바로 이 책을 쓴 목적이다.

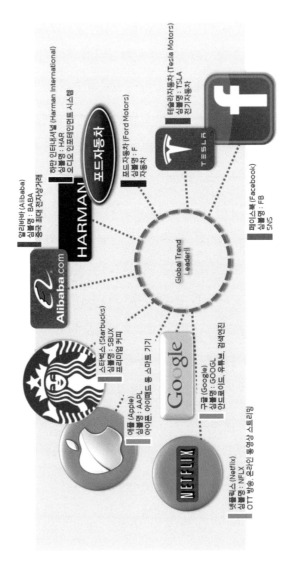

알리바바 (Alibaba)
심볼명 : BABA
중국 최대 전자상거래

하만 인터내셔널 (Harman International)
심볼명 : HAR
오디오 인포테인먼트 시스템

포드자동차 (Ford Motors)
심볼명 : F
자동차

테슬라자동차 (Tesla Motors)
심볼명 : TSLA
전기자동차

스타벅스 (Starbucks)
심볼명 : SBUX
프리미엄 커피

애플 (Apple)
심볼명 : AAPL
아이폰, 아이패드 등 스마트 기기

구글 (Google)
심볼명 : GOOGL
안드로이드, 유튜브, 검색엔진

넷플릭스 (Netflix)
심볼명 : NFLX
OTT 방송 온라인 동영상 스트리밍

페이스북 (Facebook)
심볼명 : FB
SNS

Global Trend
Leader II

|그림 3-1| 미국 증시를 움직이는 9개 기업들 : 트렌드 변화의 중심에 서서 세계 트렌드를 이끌어가고 있는 9개 기업들을 소개한다. 단기적인 주가 상승이 기대되는 기업이 아닌, 변화하는 트렌드 산업의 선두에서 변화를 주도하는 기업을 선정하였다.

애플(Apple Inc.)

애플(종목코드 : AAPL)이 지난 10년간 이뤄낸 성과는 실로 대단했다. 산업의 개념 자체를 바꾸어놓았다. 스티브 잡스가 일궈낸 가장 혁신적인 비즈니스는 아이폰이라는 제품을 만들어낸 것보다, 아이폰을 근간으로 '비즈니스 플랫폼 모델'을 구축한 뒤 그들의 소스를 공개한 것이다. 모든 전자 기기, 소프트웨어를 사용자 간 또는 기업 간 공유_{Share}가 가능하도록 생태계를 조성해놓았다. 마치 예전에 IBM과 마이크로소프트가 가정용PC 하나로 세상을 점령했던 것처럼 말이다.

이제 애플은 핸드폰을 뛰어넘어 모든 인터넷 관련 산업, 전자 기기, 가전제품 산업을 아이폰(아이패드)으로 제어하려고 한다. 마치 좀비처럼 그 전파력은 빠르고 강하다. 아이폰과 호환이 안 되는 전자 기기는 더 이상 살아남지 못할 정도로 전 세계 사람들을 아이폰에 중독시켜 놓았다. 지금 애플은 세상을 한 번 더 바꿀 준비가 되어 있다.

애플이 시장을 점령하기까지 약 14년의 시간이 걸렸다. 그리고 그 교두보가 된 첫 번째 주자가 바로 아이팟(iPod : MP3 플레이어)이었다. 지난 2000년 MP3 시장이 처음으로 발을 내딛기 시작한 시절, 애플도 가장 먼저 이 사업에 동참했다. 아이팟을 통해 시장 점유를 꿈꾼 것이다.

이 당시 애플 매출액은 불과 5.48조 원 규모밖에 안 되었지만 아이

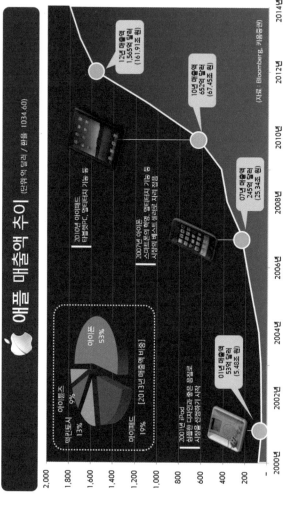

애플 매출액 추이 (단위:억 달러 / 환율 1034.60)

아이튠즈
13%

매킨토시
9%

아이폰
53%

아이패드
19%

[2013년 매출액 비중]

2001년 iPod
신선한 디자인과 좋은 음질로
시장을 선점하기 시작

2010년 아이패드
터치폰드, 멀티터치 기능 등

2007년 아이폰
스마트폰으로 혁명 멀티터치 기능 등
시장의 베스트 셀러로 자리 잡음

01년 매출액
53억 달러
(5.48조 원)

07년 매출액
245억 달러
(25.34조 원)

10년 매출액
652억 달러
(67.45조 원)

12년 매출액
1,565억 달러
(161.91조 원)

(자료 : Bloomberg, 키움증권)

2000년 2002년 2004년 2006년 2008년 2010년 2012년 2014년

2,000
1,800
1,600
1,400
1,200
1,000
800
600
400
200

|그림 3-2| **애플 매출액 추이** : 애플은 아이팟, 아이폰, 아이패드를 통해 지난 10년 동안 애플만의 인터페이스를 소비자에게 인식시켰다. 사람들이 아이폰에 중독될수록 애플의 매출액은 기하급수적으로 증가했다.

팟은 꾸준히 시장에서 팔려나갔고, 점점 사용자들은 애플의 인터페이스(Interface : 서로 다른 두 시스템 또는 구성 요소 사이 상호 연결을 위한 장치이다)에 익숙해지기 시작했다. 아이팟을 통해 사람들은 다시 한번 애플에 대한 신뢰도를 높일 수 있었다.

그리고 2007년, 스티브 잡스의 가장 큰 유작인 아이폰이 출시되었고 시장의 반응은 뜨거웠다. 아이폰 매출액은 하늘을 치솟기 시작했으며 사용자들은 차기작 출시에 대한 기대감을 갖게 되었다.

그리고 2010년 '아이패드'가 출시되면서 또 한번 시장을 놀라게 했다. 아이폰 출시 당시 25조 원 규모였던 매출액은 불과 3년 만에 2.6배 성장한 67조 원 규모로 커졌다. 2012년 매출액은 162조 원으로 아이폰이 출시한 2007년 대비 약 6.5배 이상 증가했다. 그림 3-2에 나타난 애플의 매출액의 성장은 놀라운 수준이다. 애플과 같은 대기업의 매출액이 6.5배로 성장했다는 것은 실로 엄청난 파워이다.

애플의 주가를 다른 경쟁 기업들의 주가와 비교해보자. 국내 투자자들은 '스마트폰 주식'하면 제일 먼저 삼성전자를 떠올릴 것이다. 삼성은 글로벌 플레이어다. 글로벌 시장에서 애플과 기타 다른 스마트폰 기업들과 경쟁하는 기업이다.

하지만 국내 투자자들의 포트폴리오에는 애플, 구글 등을 제외한 'Only 삼성전자'만 들어가 있다. 이제는 시야를 넓혀서 미국 기업도 함께 살펴보고 비교할 수 있는 자세를 가져야 한다. 오늘날 한국 기업의 경쟁사는 글로벌 기업들이기 때문이다.

그림 3-3을 보면 지난 2007년, 아이폰 출시 이후 애플의 주가는 실로 무섭게 상승했다. 2007년부터 2014년 8월까지 애플의 주가는 약 743% 상승을 보였다. 반면 IBM과 마이크로소프트는 지속적으로 애플에게 밀리는 모습을 보이고 있다. 양사는 각각 97%, 53%의 주가 수익을 보였다. 애플의 강력한 경쟁자라고 불리는 삼성전자도 불과 107% 상승에 그쳤다.

애플의 승승장구는 마이크로소프트와 IBM이 만들어놓은 데스크톱 철옹성을 무너뜨리기 시작했다. 주가에서도 그 차이가 명확하게 나타난다. 애플의 주가는 고공행진을 하는 반면 IBM과 마이크로소프트는 눌려 있는 모습을 보인다. 최근 삼성전자가 약진을 하고 있지만 주가 추이를 길게 놓고 보면, 아직까지는 애플의 상승세가 더 강함을 알 수 있다.

애플은 혁신적인 제품들을 앞세워 글로벌 시장의 강자로 다시 태어났다. 애플의 전략에 따라 미래 주가가 움직이기 때문에 애플의 전략에 주목해볼 필요가 있다.

애플이 자사의 플랫폼을 시장에서 보편화시킨 작업이 '제1기'였다면, '제2기'는 '생활Life'로의 확장이다. 스마트폰에만 국한되어 있던 플랫폼을 생활 그 자체로 변화시키는 것이다. 마치 '애플 월드'를 꿈꾸는 것처럼 말이다. 애플은 이를 실현하기 위해 엄청난 인수합병을

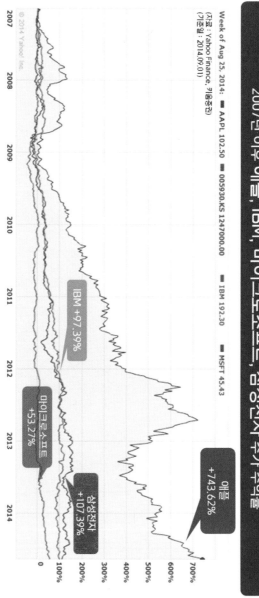

2007년 이후 애플, IBM, 마이크로소프트, 삼성전자 주가 수익률

Week of Aug 25, 2014: ■ AAPL 102.50 ■ 005930.KS 1247000.00 ■ IBM 192.30 ■ MSFT 45.43

(자료 : Yahoo Finance, 키움증권)
(기준일 : 2014.09.01)

IBM +97.39%

마이크로소프트
+53.27%

삼성전자
+107.39%

애플
+743.62%

© 2014 Yahoo! Inc.

[그림 3-3] 2007년 이후 애플, IBM, 마이크로소프트, 삼성전자 주가 수익률 : 2007년 아이폰 출시 이후 2014년 8월까지 애플은 약 743% 상승한 반면, IBM과 마이크로소프트는 각각 97%, 53% 상승에 그쳤다. 애플의 강력한 경쟁자인 삼성전자조차도 107%의 수익률에 만족해야 했다.

진행하고 있다. 애플은 스마트폰 관련 산업뿐만 아니라 가전 제품, 의료 기기, 자동차, 금융 등 모든 산업에 애플의 플랫폼을 침투시키려 노력하고 있다.

애플이 기업 인수에 박차를 가하기 시작한 것은 불과 1년 전인 2013년부터이다. 애플은 현재 30개에 가까운 기업을 인수하였다. LED 디스플레이 업체, 카메라 애플리케이션 업체, 음악 스트리밍 업체 등 기업 인수에 돈을 아끼지 않고 있다.

애플이 2013년 하반기부터 현재2014년 8월까지 사들인 기업은 무려 29개에 달한다. 이들 기업이 가지고 있는 제품들의 장점만 모아서 애플의 모든 제품에 탑재시킬 예정이다. 마치 흡수 로봇처럼 진화해가고 있는 모습이다. 애플이 얼마만큼 사업구조 다각화에 노력하는지는 인수합병을 통해서 잘 알 수 있다.

애플의 인수합병이 단기적으로는 비용 증가로 인해 주가에 악재로 작용할 수도 있지만, 오히려 주주들은 환영하는 분위기다. 애플이 우후죽순 생겨나는 경쟁자들 사이에서 계속 강자로 군림하기 위해 준비하고 있다는 것을 확실히 보여주기 때문이다.

스마트폰 시장의 성장세가 과거 5년만큼 강하지 못함을 알기 때문에, 애플은 누구보다 발 빠르게 신사업을 추진 중인 것이다.

1. '애플페이'를 통한 금융 산업 진출

최근 애플의 이슈 중 하나는 '금융 결제 시스템Payment' 사업이다. 구글이 NFC(Near Field Communication : 근거리 무선통신) 기능을 탑재한 안드로이드를 내세워 모바일 결제 시장에 먼저 뛰어 들었지만, 그 효과가 크지 못했다. 하지만 블룸버그는 애플이 NFC 시장에 뛰어들면 그 효과는 구글과 다를 것이라고 예상하고 있다.

2014년 9월, 드디어 애플은 아이폰6를 공개하면서 '애플페이Apple Pay'도 함께 공개했다. 이미 비자카드, 마스터카드, 아메리칸 익스프레스가 애플페이를 지원하고 있으며, 미국 전역 22만 개 상점과 앱스토어에서 사용이 가능하다.

브랜드 파워와 높은 단말기 보급률을 보유하고 있는 애플이 시작하면 시장도 움직일 것이라는 분석이다. 애플은 전 세계 8억 명의 아이튠즈 계정 사용자를 가지고 있으며 이를 통해 금융 결제 서비스를 시작하면, 그 효과는 굉장히 클 것으로 기대된다. 아이튠즈 계정에 신용카드 정보 등이 이미 등록되어 있기 때문이다.

크론 컨설팅의 리차드 크론 CEO는 "애플이 금융 서비스를 시작하면 모든 사업자들이 애플에 광고를 낼 것이다."라고 언급했다. 반면 삼성전자는 애플보다 한발 앞선 2013년에 '삼성월렛'을 출시하며 금융 결

제 시스템을 시작하였지만, 국내 금융당국의 보안성 강화 정책, 공인
인증서 문제 등으로 마일리지 적립에 그치는 수준으로 전락했다.

2. '애플워치', 웨어러블 시장의 시작

'웨어러블Wearable'은 말 그대로 몸에 착용 가능한 제품을 일컫는다.
애플은 최근2014년 9월 애플워치를 발표하면서, 2015년부터 본격적으
로 판매할 예정임을 밝혔다. 애플워치는 기존의 플랫폼들과는 전혀
다른 성격을 가지고 있어 또 한번 애플의 혁신이 나타날 것으로 시장
은 기대하고 있다.

지난 2014년 분기 보고서를 분석해보면 2분기에 애플의 외부 부품
에 대한 투자가 이전 분기 대비 약 22% 증가한 154억 달러로 집계되
었다. 기타 장비 및 설비 투자 비용을 합치면 210억 달러로 지난 아이
폰3 2007년 출시 이후 처음으로 급격한 투자 비용 증가세를 보이고 있다.

이는 아이폰6 생산 비용으로도 볼 수 있지만 새로 나올 '애플워치
Apple Watch'에 대한 투자 금액으로도 생각할 수 있다. '애플이 하면 다르
다'라는 공식을 이어갈 만한 그런 웨어러블 기기를 기대해본다.

애플은 애플워치를 시작으로, 지속적으로 웨어러블 시장을 확장해
나갈 전망이다. 신제품인 애플워치가 성공한다면 웨어러블 시장의
성장세도 지켜볼 만하다.

애플워치에 대한 관심이 높아지자, 애플워치 수혜주들도 함께 재

Apple Watch

2015년 출시 예정인
'애플워치'
다양한 디자인으로 출시 예정
웨어러블 시장에 대한 기대감

(자료 Apple, 키움증권)

조명되고 있다. 약 3개의 기업 정도로 요약할 수 있다. 첫 번째는 '플렉시블 디스플레이Flexible Display'를 생산하는 유니버셜 디스플레이Universal Display다. 종목코드 OLED로 나스닥에 상장되어 있으며 OLED(Organic Light - Emitting Diode : 유기 발광 다이오드는 스스로 빛을 내는 현상을 이용한 디스플레이다) 기술을 애플워치에 공급할 예정이다.

두 번째는 애플워치에 모션 센서를 공급하는 인벤센스(InvenSense : INVN)이다. 인벤센스의 CEO인 베루즈 아브디는 최근 'R&D기술개발 연구 비용을 확대하였으며, "웨어러블 시장과 관련된 비즈니스를 시작하는 것은 굉장한 기회이며 흥분할 만한 일이다."라고 밝히면서 웨어러블 시장에 대한 기대감을 높였다.

마지막 기업은 애플워치에 스크래치에 강한 사파이어 글라스(기존의 고릴라 글라스보다 더 강화된 유리)를 제공하는 GT어드밴스드테크놀로지(GT Advanced Technologies : GTAT)이다. 애플은 이미 아이폰 카메라 렌즈 부분 등에 사파이어 글라스를 사용하고 있으며, 이를 액정에까지 적용시킬 예정이다. GTAT는 2015년 1조 원 이상의 수익을 목표로 잡고 있다.

3. '사물인터넷', 스마트홈을 통한 애플 월드 구축

필자는 어렸을 적 미래 세상을 상상하며 '만능 리모컨'을 그린 적이 있었다. 리모컨이나 시계 하나로 자동차를 조종하고 모든 기기를 컨트롤하는 것이 바로 만능 리모컨이다. 지금 애플은 스마트 기기를 통해 이를 현실화하고 있는 중이다.

애플은 지난 2013년 WWDC 2013 연례개발자 회의에서 '아이비콘iBeacon' 서비스를 발표했다. 아이비콘은 기존 근거리 무선통신 기술인 NFC를 한 단계 더 뛰어넘어 진화시킨 통신 기술이라고 애플은 설명했다. 또한 이를 통해 스마트 기기 하나로 모든 영역을 넘나들겠다는 의사도 분명히 밝혔다.

그리고 1년 후인 2014년, 아이비콘을 더욱 강화시킨 '홈킷Homekit'을 발표했다. 애플은 홈킷을 통해 도어락, 전등, 카메라, 문, 온도, 플러그, 스위치 등 모든 주변 기기들을 애플의 스마트 기기를 통해 제어할 수 있도록 만드는 것이다. 바야흐로 애플이 세상을 제어하기 시작했다.

애플은 아이폰으로 절대강자로 군림했지만, 시대의 흐름을 절대 놓치지 않고 있다. 이제는 아이폰을 통해 모든 생활과 산업을 연결시키려는 작업을 하고 있다. 그리고 우리가 이 책을 읽고 있는 시점은 애플이 제2의 산업을 만들어가는 과도기이다.

넷플릭스(Netflix)

이제 가족 모두가 모여 TV 본방을 사수하던 시대는 지났다. 이미 새로운 방송 세계가 미국에서 펼쳐지고 있고 이는 글로벌 시장으로 빠르게 퍼져 나가고 있다.

글로벌 시장을 하나로 엮은 스마트 기기 산업의 강점은 무엇일까? 바로 다양한 콘텐츠를 원하는 시간에 자유롭게 이용할 수 있다는 점이다. 즉 시간과 장소의 제약 없이 소비자가 원하는 콘텐츠를 언제든지 이용할 수 있다. 이런 소비자 트렌드는 이제 TV 시장에서도 나타나고 있다. 넷플릭스(종목코드 : NFLX)는 누구보다 발 빠르게 애플과 비슷한 비즈니스 플랫폼을 TV 시장에서 개척해냈다.

기존의 TV가 편성표를 정해놓고 그 시간표에 맞춰 콘텐츠를 제공했다면, OTT_{Over The Top} 방송은 완전히 다른 방식으로 콘텐츠를 제공한다. TV도 이제 원하는 방송을 원하는 시간대에 자유롭게 볼 수 있는 세상이 온 것이다.

이것이 OTT 방송의 핵심이다. 물론 비슷한 기능을 하는 IPTV도 있지만, 그 콘텐츠의 양이 너무 적고 가격 또한 비싸다.

OTT_Over The Top_는 말 그대로 'TOP을 넘어서다'라는 뜻이다. 여기서 'TOP'은 기존 TV에 연결되어 있는 '셋톱박스'를 의미한다. 이제는 TV에 붙어 있는 셋톱박스를 넘어 PC, 스마트폰 등의 단말기에서 언제든 자유롭게 동영상 서비스를 이용할 수 있기 때문에 이를 OTT 방송이라고 한다.

OTT 방송의 선두주자로는 넷플릭스를 꼽을 수 있다. 넷플릭스는 과거 DVD 렌탈 업체였다. 1997년 설립된 넷플릭스는 DVD 우편 대여 서비스를 시작하면서 고객들의 취향을 다양하게 수집할 수 있었다.

최근 빅데이터_Big Data_라 불리는 데이터를 1997년부터 모으기 시작한 것이다. 이 데이터야말로 다른 기업들이 침투하지 못하도록 진입 장벽을 높이는 넷플릭스의 가장 강력한 방어막이다.

넷플릭스는 다년간 모은 고객 데이터를 가지고 고객들에게 '추천 서비스'를 제공하고 있다. 넷플릭스의 고객 중 60%가 추천 콘텐츠를 이용하는 것을 보면 새삼 빅데이터의 중요성을 실감할 수 있다. 넷플릭스의 영화 장르 구분은 무려 76,897개라고 알려져 있다. 모든 개인의 영화 취향을 나열하고 이를 알고리즘화한 것이다. 넷플릭스가 얼마나 각 소비자의 성향을 존중하는지를 알 수 있다.

넷플릭스의 목표는 미국의 최대 케이블 방송사인 HBO가 가지고 있는 시청자들을 빼앗아 오는 것이다. 처음에는 모두들 HBO와 비교조차 안 되는 넷플릭스를 비웃었다. 그만큼 HBO의 영향력은 미국 내에서 절대적이었다.

하지만 커져 가는 스마트 기기 시장과 맞물려 넷플릭스가 차츰 OTT 시장을 키워 나가자, 여론은 바뀌기 시작했다. 넷플릭스는 누구보다 빠르게 스마트 기기의 성장성을 눈치 챘던 것이다.

결국 2013년 10월, 넷플릭스의 가입자 수는 미국 최대 케이블 방송사인 HBO를 추월했다. 시장 트렌드의 변화를 소비자가 직접 보여준 것이다.

그림 3-4에서 보듯이, 2014년 1분기 기준 넷플릭스 글로벌(미국 포함) 가입자 수는 4,836만 명이며 이는 전년 동기 대비 1,200만 명이 증가한 수치이다. 가입자 수만 HBO를 따돌린 것이 아니다. 매출액 또한 HBO를 바싹 추격해왔다. 2013년 HBO의 연간 매출액은 49억 달러로 6% 성장을 보여준 반면, 넷플릭스는 37억 5,000만 달러로 무려 24%나 성장했다. 넷플릭스의 폭발적인 성장세는 그림 3-5를 통해 확인할 수 있다.

그리고 2014년 2분기 실적이 발표되었는데, 역시나 예상했던 결과가 나왔다. 넷플릭스가 드디어 실적으로 HBO를 추월한 것이다.

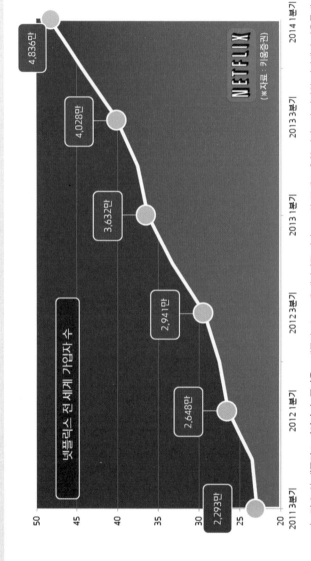

|그림 3-4| **넷플릭스 가입자 수 증가율** : 넷플릭스는 고객 데이터를 기반으로 한 콘텐츠 추천 서비스와 다양한 기기에서 자유롭게 감상할 수 있는 동영상 서비스를 통해 가입자를 지속적으로 늘려가고 있다.

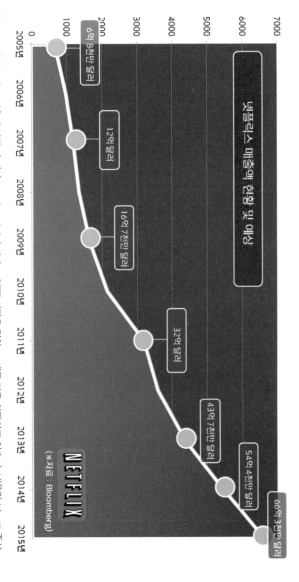

그림 3-5| **넷플릭스 매출액 현황 및 예상** : 스마트 기기의 발달로 OTT 시장은 점차 그 세를 더욱 확장하고 있으며, 넷플릭스는 그 중심에서 트렌드를 주도하고 있다. 또한 넷플릭스는 자체 콘텐츠를 개발하는 등 미디어 그룹으로 거듭나고 있다.

넷플릭스 매출액 현황 및 예상

6억 8천만 달러
12억 달러
16억 7천만 달러
32억 달러
43억 7천만 달러
54억 4천만 달러
66억 3천만 달러

(※자료 : Bloomberg)

NETFLIX

2005년 2006년 2007년 2008년 2009년 2010년 2011년 2012년 2013년 2014년 2015년

0 1000 2000 3000 4000 5000 6000 7000

2014년 2분기 넷플릭스의 매출액은 11억 4,600만 달러이고 HBO는 11억 4,100만 달러로 집계되었다. 넷플릭스가 HBO를 약 500만 달러(한화 약 51억 원) 앞선 것이다.

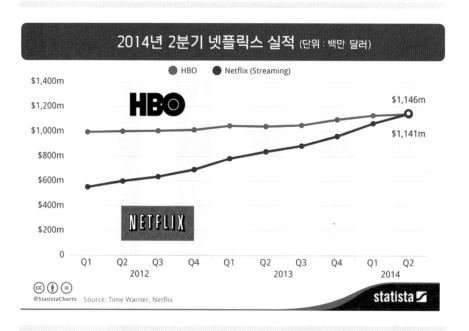

넷플릭스가 HBO 방송 매출액을 넘어선 것은 돈보다 더 큰 의미가 있다. 이제 소비자는 기존의 방송 시장을 넘어선 신개념 방송을 점점 더 원하고 있다는 것이다. 트렌드의 변화가 일어나고 있다.

필자가 기업을 볼 때, 가장 중요하게 생각하는 것은 기업이 파는 상품Product이고, 그 상품이 트렌드 변화의 중점에 서 있는지 여부이다. 넷플릭스는 이에 대해 확실한 해답을 보여주었다. 기존 케이블TV, IPTV 시장에서 OTT 시장으로 넘어가는 트렌드를 매출액과 가입자 수로 증명하고 있다.

넷플릭스가 이렇게 강한 모멘텀을 보이는 이유는 무얼까? 물론 가장 큰 백그라운드는 시장 트렌드의 변화라고 볼 수 있지만, 넷플릭스 자체적으로 다양한 컨텐츠를 생산하고 있는 것이 넷플릭스만의 큰 장점이다. 모든 고객은 회사가 아닌 콘텐츠를 따라 움직이기 때문이다.

- 다양한 할리우드 콘텐츠 라이선스 보유(드림웍스, AMC, 월트디즈니 등)
- 애플, 안드로이드 등 넷플릭스와 함께 셋톱박스 개발
- 2014년 유럽 시장 진출
- 자체 제작 드라마, '하우스 오브 카드'
- UHD 초고화질 동영상 서비스 진출(삼성, LG, 소니 등 협력)

넷플릭스의 입지를 시장에서 더욱 굳혀준 일등공신은 '자체 제작 드라마'이다. 넷플릭스는 드라마 제작에 돈을 아끼지 않았다. 미국의 백악관 이야기를 다룬 '하우스 오브 카드'는 1편당 약 40억 원이 넘는 돈을 투자했다. 한 시즌에만 무려 1억 달러, 한화로 1,000억 원이 넘는 돈을 쏟아 부을 정도로 드라마 제작에 힘썼다.

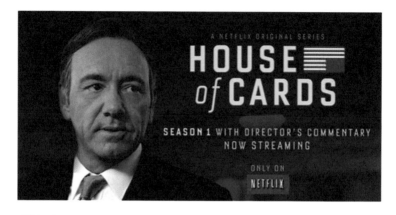

하우스 오브 카드를 제작할 당시만 해도 기대보다는 우려의 목소리가 더 컸다. 1990년대 영국 BBC 방송 드라마의 리메이크일뿐만 아니라, 제작비도 너무 과했기 때문이다. 넷플릭스 입장에서는 굉장한 도박이었다. 하지만 넷플릭스는 당당하게 이 드라마를 최고로 만들었다. 그 성공은 이미 예견되어 있었다. 왜냐하면 드라마를 제작할 때 '빅데이터'를 이용했기 때문이다. 할리우드식으로 감독의 직감에 의한 배우 캐스팅을 하지 않고, 모든 주연과 연기자를 빅데이터로 캐스팅하였다.

'하우스 오브 카드'의 성공으로 넷플릭스는 실적 부진을 딛고 명실공이 타임워너와 어깨를 나란히 하는 미디어 공룡으로 거듭날 수 있었다.

넷플릭스 향후 모멘텀 요인도 한 번 살펴보자. 넷플릭스는 최근 월 가 큰손들의 포트폴리오를 지수화한 iBillionaire index에 편입되기 도 했다. 이는 넷플릭스에 대한 큰 기대감을 짐작하게 한다.

넷플릭스 모멘텀 요인

1. 추천 시스템과 페이스북의 만남

넷플릭스의 추천 시스템
'Movies You'll ♥'
현재 사용자의 60%가 추천 콘텐츠를 이용하고 있다.

(출처: 넷플릭스, 키움증권)

앞서 언급한 넷플릭스의 추천 시스템은 더욱 진화할 예정이다. 바 로 빅데이터의 결정체인 페이스북과 손을 잡았기 때문이다. 넷플릭 스 가입자가 5,000만에 육박하자, 넷플릭스는 페이스북과 손잡고 친구들에게 동영상을 추천할 수 있는 '좋은 추천 받았나요?(Got any good recommendations?)' 서비스를 시작했다. 넷플릭스에서 콘텐츠를 이용하던 사용자가 '좋아요'를 누르면 페이스북을 통해 친구 목록 중에서 한 사람에게 추천이 가능하다. 페이스북의 단단한 소셜 네트워크 연결 고리를 활용한 전략이다.

'좋아요' 서비스는 애플의 스마트 기기, 스마트TV, X박스, 플레이스테이션 등에 안착했으며 안드로이드 기기까지 서비스를 확대할 계획이다. 12억 명의 사용자를 보유한 페이스북과 결합한 추천 시스템은 넷플릭스의 새로운 도약을 가능하게 하였다.

2 속도 개선

OTT 방송은 인터넷을 기반으로 한 TV 콘텐츠 산업인 만큼, 무엇보다 속도가 중요하다. 게다가 최근 만들어지는 콘텐츠는 고화질 제작을 기본으로 하기 때문에 데이터가 방대하므로 속도 개선은 OTT 산업의 핵심이다.

넷플릭스는 이에 대비하여 최근 AT&T와 손잡고 고속 통신 서비스 계약을 체결했다. '피어링 계약Peering Arrangement'으로 불리는 이 계약은 통신 사업자와 인터넷 서비스 업체가 추가 비용을 지불하고 고속회선 서비스를 사용하는 것을 말한다. 뿐만 아니라 컴캐스트, 버라이즌과도 비슷한 계약을 체결한 것으로 알려져 있다.

피어링 계약은 망 중립성을 해치고 신생 기업들에게서 성장의 기회를 빼앗을 수 있다는 지적도 나오고 있다. 일반적으로 이 계약에 대해서는 조심스러운 편이지만, 인터넷 기반 서비스 업체에게는 인터넷 속도가 생명과 같은 부분이므로 넷플릭스 측에서 피어링 계약을 추진한 것으로 알려졌다.

하만(Harman)

유독 자동차 시장에서만 스마트 기기의 도입이 걸음마 수준인 이유는 고급 차종의 주요 수요층인 기성세대가 젊은이들보다 스마트 기기에 둔감하기 때문이다. 하지만 이제는 기성세대도 스마트폰을 사용하기 시작했고 자동차 시장에서도 예사롭지 않은 움직임이 포착되고 있다. 그 선두에 하만 인터내셔널(종목코드 : HAR)이 있다.

하만 인터내셔널Harman International은 1953년도에 설립된 자동차 오디오 시스템 기업이다. 하만이 가지고 있는 자사 브랜드로는 JBL, 하만·카돈, 렉시콘, 인피니티, 마크레빈슨, 아하, BSS, 크라운, DBX 등이 있다. 특히 고급 승용차 시장에서 약 80~90%의 점유율을 가지고 있는 하만은 BMW, 메르세데스 벤츠, 포르쉐 등 명차에 '오디오&인포테인먼트' 시스템을 공급하고 있다.

현재 2,500만 대 이상의 차량에 하만의 인포테인먼트 시스템이 탑재되어 있을 정도로 그 영향력이 크다.

인포테인먼트Infortainment는 인포메이션Information과 엔터테인먼트 Entertainment의 합성어로, 인포테인먼트 시스템은 최근 진화해가고 있는 스마트 기기가 자동차 시장에 반영되어 생긴 단어이다. 네트워크, GPS, 스마트 기기 연동 등 첨단 기술을 자동차에 탑재하여 대시보드나 스마트 기기를 통해 제어하는 시스템을 말한다.

인포테인먼트 시스템은 폭발적인 성장세를 보여준 스마트 기기 시장에 비해 성장성이 약한 편이었다. 고급 승용차 시장의 주요 고객층인 40~50대 기성세대가 스마트보다는 아날로그 방식에 더 익숙하기 때문이다. 하지만 최근 기성세대의 스마트폰 사용률이 높아지자, 자동차 시장도 함께 움직이기 시작했다.

인포테인먼트 시스템 시장은 매년 성장세를 보이고 있다. 도요타는 음성 인식을 통해 영화 예매를 하거나, 식당을 예약하고, 음악을 감상할 수 있는 시스템을 만들었다. 닛산은 '포레스트 에어'라는 시스템을 통해 통풍, 냄새, 습도를 자동으로 조절해준다.

그리고 GM은 모토로라와 함께 'On-Star'를 개발하여 차량 도난 시 GPS를 통해 시동을 꺼버리는 등의 첨단 서비스를 제공한다. 포드자동차도 이미 모든 차량에 인포테인먼트 시스템을 탑재 중이며, 현대자동차도 '블루링크'라는 시스템을 개발하여 자사의 자동차에 적용하고 있다.

하만은 이들 자동차에 인포테인먼트 시스템을 탑재시킬 하드웨어

(오디오 등)를 만들어내고 있다.

하만이 인포테인먼트 시스템의 하드웨어 공급자라면, 애플과 구글은 OS를 깔기 위해 전력을 다하는 플레이어로 자리 잡고 있다. 마이크로소프트가 한발 앞서 이 분야에 뛰어들었지만 애플의 등장으로 전망이 그리 좋지만은 않다.

이젠 애플이 건드리기만 하면 모든 산업이 애플을 위해 움직일 정도이다. 애플은 최근 카플레이CarPlay를 개발, 2019년까지 2,400만 대의 차량에 이 시스템을 탑재할 예정이다. ABI 리서치에 따르면 BMW, 아우디, 메르세데스 벤츠, 재규어 · 랜드로버, 도요타, 닛산, 볼보 등이 이 시스템을 도입할 것으로 알려졌다. 현대자동차 소나타도 2015년에 이를 적용시킬 예정이다.

애플이 뛰어들었다는 것은 그만큼 시장이 커질 것을 의미한다. 하만은 이미 애플의 카플레이와 구글의 오토모티브 링크 시스템을 하만의 시스템으로 탑재 중이다.

| 글로벌 자동차 인포테인먼트 OS 시장 전망(단위 : 백만 달러) |

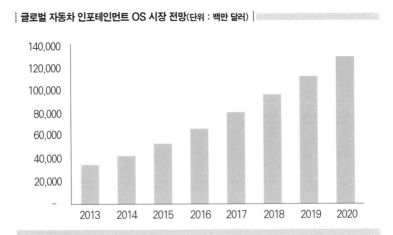

인포테인먼트 시장은 아직까지 그 성장세가 폭발적이지는 않지만, 꾸준한 성장세를 보일 전망이다. ABI 리서치는 10년 내 모든 차량에 텔레메틱스가 탑재될 것이라고 예상했으며, HIS 오토모티브 리서치는 2020년에 인포테인먼트 플랫폼 판매량이 1999년 PC 시장 규모인 약 1억 3,000만 대로 성장할 것이라고 전망했다.

그림 3-6에서 보는 것처럼 커져 가는 인포테인먼트 시장과 더불어 하만의 매출액도 지속적인 성장세를 보이고 있다. 하만은 지난 4년간 약 2배가 넘는 매출액 성장세를 보이고 있으며, 매출액의 절반 이상이 인포테인먼트 사업에서 나오고 있다.

그림 3-7은 하만의 역사를 정리한 것이다. 하만은 역사는 1940년대부터 시작된다. 긴 세월을 오디오에 몰두하면서 오디오 명가라는 칭호를 얻었다. 특히 2005년에는 JBL이, 2010년에는 AKG가 그래미상을 수상하면서 전 세계에서 유일하게 그래미상 2회 수상의 경력을 가지고 있다.

하만은 최근 분기(2014년 4분기)에 수익이 전년 동기 대비 약 22.2% 증가했다. 특히 인포테인먼트 시스템 수익은 약 26% 증가한 7억 7,300만 달러를 기록했다.

최근 벤틀리Bentley, 마세라티Maserati 등의 고급 메이커에서도 하만의 인포테인먼트 시스템을 선택했다. 뿐만 아니라 알파로메오Alfa Romeo, 기아자동차, 도요타자동차와도 새로이 계약하였으며, 포드자동차와

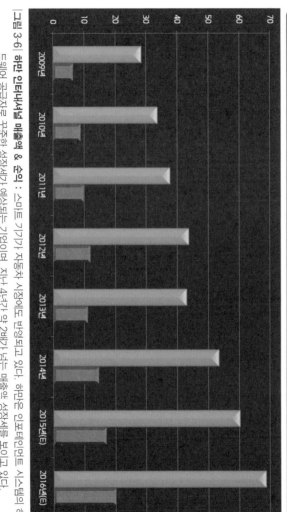

하만 인터내셔널 매출액 & 순익 (단위 : 억 USD)

| 그림 3-6 | 하만 인터내셔널 매출액 & 순익 : 스마트 기기가 자동차 시장에도 반영되고 있다. 하만은 인포테인먼트 시스템의 하드웨어 공급자로 꾸준한 성장세가 예상되는 기업이며, 지난 4년간 약 2배가 넘는 매출액 성장세를 보이고 있다.

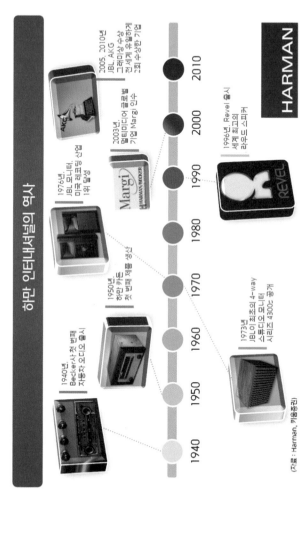

하만 인터내셔널의 역사

1940년
Becker사 첫 번째
자동차 오디오 출시

1950년
하만 카돈
첫 번째 제품 생산

1976년
JBL 모니터,
미국 레코딩 산업
의 표준

2003년
엔터테이너 글로벌
기업 Margi 인수

2005, 2010년
JBL AKG
그래미상 수상
전 세계 유일하게
2회 수상한 기업

1940 · 1950 · 1960 · 1970 · 1980 · 1990 · 2000 · 2010

1973년
JBL이 최초의 4-way
스튜디오 모니터
시리즈 4300 공개

1996년, Revel 출시
세계 최고의
라우드 스피커

HARMAN

REVEL

(자료 : Harman, 키움증권)

[그림 3-7] **하만 인터내셔널의 역사 :** 하만 인터내셔널은 1940년대부터 오디오를 전문적으로 생산하던 기업이다. 2005년에는 JBL이, 2010년에는 AKG가 그래미상을 수상하면서 오디오 평가의 위용을 보였다.

의 계약도 연장시켰다.

차량용 인포테인먼트 시스템은 자동차계의 애플이라고 불릴 정도로 앞으로 모든 차량에 탑재될 예정이다. 다행인 것은 우리가 지금 책을 읽고 있는 이 시점이 바로 시장의 포화 상태가 아닌 트렌드가 반영되고 변화하는 과도기라는 것이다.

■ 하만 인포테인먼트 시스템

벤츠, BMW 등 다양한 브랜드에서 하만의 인포테인먼트 시스템을 이용하고 있다.

스타벅스(starbucks)

최근 거리를 걷다 보면 우후죽순 늘어난 커피 전문점이 거리를 장악하고 있다. 한 잔에 5,000원을 넘나드는 프리미엄 커피를 마시는 문화가 생긴 지는 그리 오래되지 않았지만 정착 속도는 LTE급이다.

그리고 스타벅스(종목코드 : SBUX)는 그 문화의 정점에 서 있는 기업으로 자리 잡고 있다.

우리나라에서 1999년 이대점을 시작으로 사업을 시작한 스타벅스는 현재 서울에만 약 280개가 넘는 매장을 가지고 있다. 이는 도시별 매장 수로 봤을 때, 전 세계 1위를 차지할 정도이다. 한국인의 커피에 대한 열정은 빠르고 급격하게 타올랐다.

이제는 중국에서도 그 변화가 일어나려고 한다. 전통적으로 차_Tea 문화가 깊숙이 자리 잡고 있는 중국에서 스타벅스가 커피 대중화에 성공한다면 중국의 소비 시너지 효과와 맞물려 매출액이 크게 증가할 것으로 기대된다.

스타벅스는 현재 64개국에 약 20,500개가 넘는 커피 매장을 운영하고 있다. 스타벅스의 매출액 성장률은 지난 3년간 평균 11%대를 기록하고 있다. 영업 이익률도 15%대의 상승세를 보이고 있다. 눈에 띄게 성장하는 것은 아니지만, 그림 3-8의 주가 차트처럼 꾸준히 우상향하는 매출액 추세를 기록 중이다.

그럼 스타벅스 커피가 이처럼 잘 팔리는 이유는 무엇일까? 바로 스타벅스만의 독특한 맛과 다양한 메뉴를 내세워 커피 트렌드를 이끌기 때문이다.

스타벅스는 '커피 체인점의 맛은 별로다'라는 상식을 깬 기업이다. 1971년 시애틀의 어시장에서 커피 원두를 로스팅해서 파는 작은 상

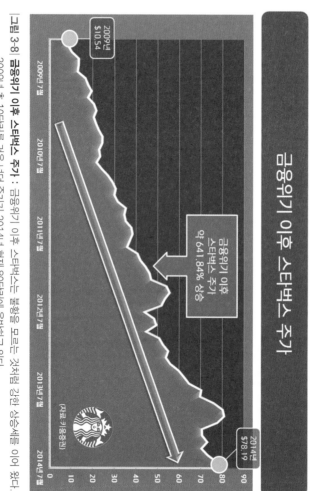

금융위기 이후 스타벅스 주가

2009년 $10.54	
금융위기 이후 스타벅스 주가 약 641.84% 상승	
2014년 $78.19	

(자료: 가쿠증권)

2009년7월 · 2010년7월 · 2011년7월 · 2012년7월 · 2013년7월 · 2014년7월

0 · 10 · 20 · 30 · 40 · 50 · 60 · 70 · 80 · 90

| 그림 3-8| 금융위기 이후 스타벅스 주가 : 금융위기 이후 스타벅스는 불황을 모르는 것처럼 강한 상승세를 이어 왔다. 2009년 초 10달러를 겨우 넘던 주가가 2014년 현재 80달러에 육박하고 있다.

점으로 시작한 스타벅스는 오로지 커피의 맛에 집중하여 커피를 연구해왔다. 스타벅스 원두 구매팀은 라틴아메리카, 아프리카, 아시아 각국을 돌아다니며 최상품의 아라비카 커피 원두를 선별해낸다. 그리고 이 원두는 40년 전통의 스타벅스 로스팅 공정을 통해 스타벅스표 커피로 재탄생한다.

그림 3-9처럼 스타벅스의 주가도 커피 트렌드를 반영하듯 거침없이 상승 중이다. 늘어나는 매장 수만큼 주가 상승세도 강한 모습을 보인다. 2009년 상반기에 10달러였던 주가는 2014년 현재 80달러에 육박한다. 5년 만에 약 800%에 가까운 상승세이다.

스타벅스가 큰 성장을 할 수 있는 계기가 된 시점은 2008년 하워드 슐츠 회장이 다시 CEO로 복귀하면서부터다. 1982년 스타벅스가 불과 4개의 지점이었던 시절, 마케팅 책임자로 입사하게 되면서 그와 스타벅스의 인연은 시작되었다. 그리고 그는 스타벅스를 글로벌 기업으로 만들어놓았다. 2008년 하워드 슐츠가 CEO로 복귀하면서 스타벅스의 주가는 고공행진하고 매출액도 상승하게 된다.

고공행진을 하던 스타벅스의 주가가 최근(2014년 1월부터) 눌리기 시작했다. 필자는 브라질 가뭄과 큰 연관성이 있다고 생각한다. 커피 농사를 결정짓는 시기는 11~1월이다.

하지만 이 시기에 이상고온현상으로 브라질에 30년 만에 최악의 가뭄이 들면서 커피 작물에 타격을 주었고, 커피 원두 가격은 4~5월

스타벅스 주가 추이 (단위USD / 기준일 2014.08.11)

[2013년 지역별 매출액]

- 중국 태평 양지역 오후 20%
- 유럽 10%
- 미국외내수요 68%
- 기타 2%

- 92~95년 2달러이하
- 99년 이태리호점 오픈
- 1995년 얼음을 잡아넣은 프라푸치노 판매
- 2009년 'Via Ready Brew' 판매 개시
- 2008년 하워드 슐츠 CEO 복귀
- 2008년 하워드 슐츠 CEO 복귀 스타벅스 제2성장기 시대 돌입
- 현재가 77.87달러

(자료 : Bloomberg, 스타벅스 기업소개)

|그림 3-9| **스타벅스 주가 추이** : 설립 이후 지속적으로 성장해왔던 스타벅스는 2006~2008년 무렵 무리한 확장으로 점시 내리막길을 걸었다. 그러나 2008년 하워드 슐츠 회장이 복귀하면서 주가가 다시 고공행진 중이다.

에 약 90% 이상 상승(브라질 아라비카 커피 선물 기준)했다. 커피 공급이 줄어들자, 가격이 오른 것이다.

스타벅스는 커피를 파는 기업이기 때문에 커피 가격이 상승하면 그만큼 비용이 증가하게 되어 실적에 큰 타격을 입게 된다. 커피 가격이 오르면 오를수록 스타벅스 비용 증가가 압력으로 작용하여 스타벅스 주가가 동시에 하락하는 것이다.

하지만 스타벅스의 주가는 하락하지 않고 자리를 굳건히 지켜내고 있는 모습이다. 물론 커피 가격으로 인한 타격은 어느 정도 받고 있지만 주가 자체는 박스권 내에서 버티고 있다. 그림 3-10을 보면 커피 가격이 치솟을수록 스타벅스 주가가 눌리고 있는 모습을 볼 수 있다. 스타벅스는 상품 가격 인상 정책 및 대량의 원두 재고 보유 등의 전략으로 이에 맞서고 있다.

지난 2011년, 커피 가격(커피 ETF 기준)은 지금보다 더 과도한 상승을 보였지만 스타벅스 주가는 오히려 함께 상승하는 모습을 그림 3-11은 보여주고 있다. 최근 커피 가격 상승과 맞물려 눌려 있는 주가를 두고 시장에서 두 가지 해석이 맞부딪치고 있다. 바로 테크니션_{기술적 지표 추종}과 펀더멘털_{기업 가치 측정}이 공방을 벌이고 있는 것이다.

기술적 지표를 중시하는 집단은 스타벅스의 주가 차트가 과열구간에 있음을 주장했고, 펀더멘털을 중시하는 집단은 회사의 펀더멘털은 굉장히 양호하지만 원두 가격 상승 등의 요인으로 눌리고 있는 것

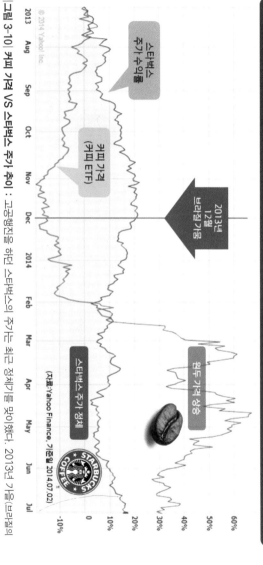

커피 가격 VS 스타벅스 주가 추이

스타벅스 주가 수익률

커피 가격 (커피 ETF)

2013년 12월 브라질 가뭄

원두 가격 상승

스타벅스 주가 정체

(자료: Yahoo Finance, 기준일: 2014.07.02)

© 2014 Yahoo! Inc.

2013 Aug   Sep   Oct   Nov   Dec   2014   Feb   Mar   Apr   May   Jun   Jul

60%
50%
40%
30%
20%
10%
0
-10%

| 그림 3-10 | 커피 가격 VS 스타벅스 주가 추이 : 고공행진을 하던 스타벅스의 주가는 최근 정체기를 맞이했다. 2013년 가뭄(브라질의 가뭄은 12~3월이다) 브라질에 취약의 가뭄이 들면서 원두 가격이 큰 폭으로 상승했다. 그로 인한 비용 증가에 따라 실적에 영향을 받았다.

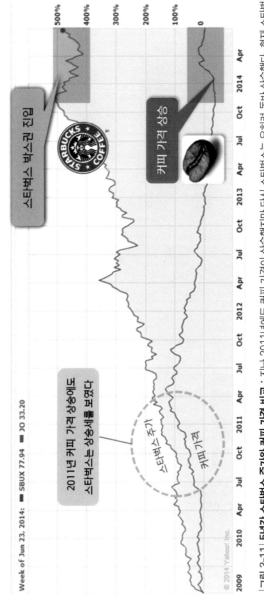

|그림 3-11| **5년간 스타벅스 주가와 커피 가격 비교** : 지난 2011년에도 커피 가격이 상승했으나 당시 스타벅스는 오히려 주가가 상승했다. 현재 스타벅스의 주가가 눌리고 있지만 매출액, 영업이익 등은 꾸준히 우상향하고 있기 때문에 브라질 가뭄이 진정되면 곧 박스권을 탈출할 것으로 기대된다.

이라고 주장하고 있다.

필자의 생각은 후자에 속한다. 스타벅스 매출액, 영업이익 등은 꾸준히 우상향 모습을 보이고 있으며 신제품 개발에도 끊임없이 앞장서고 있기 때문이다.

스타벅스 모멘텀 요인

1. 중국 시장 공략

스타벅스의 주가에 모멘텀을 가져다 줄 수 있는 시장은 중국이다. 중국은 예로부터 차를 즐겨 마시는 나라이다. 차에 대한 수요가 강하기 때문에 상대적으로 커피 시장의 입지가 약했던 건 사실이지만 최근에는 그 트렌드가 바뀌고 있다. 중국인이 커피를 마시기 시작한 것이다.

'악마의 음료'라고도 불리는 커피는 마시면 마실수록 약간 중독되는 성향을 가지고 있다. 아직 중국 커피 시장은 전체 시장의 1%도 되지 않지만 중국의 커피 소비는 매년 15% 정도 꾸준히 상승하는 모습을 보이고 있다. 13억 5천만 명의 중국인이 커피에 빠져들기 시작한다면 그 성장세는 굉장히 강력할 것으로 보인다.

실제로 현재 중국인들의 연간 1인당 커피 소비량이 매년 30%씩 증가하고 있다. 아직 커피가 자리매김하지 못한 시장인 만큼, 그 잠재

력은 우리의 상상을 뛰어넘는다.

2014년 3분기 스타벅스 순익은 5억 1,260만 달러로 작년 동기 대비 22% 증가했다. 매출액도 41억 5,000만 달러로 작년 동기 대비 11% 증가했다. 매출액 증가의 원인 중 가장 중요한 것이 바로 중국 시장 매출액이다. 중국에서 스타벅스 매출액은 약 7% 상승했다.

스타벅스는 현재 중국에 약 1,000개가 넘는 매장을 운영 중이며, 2015년에는 50% 증가한 1,500개까지 늘릴 계획이다. 전통차를 즐겨 마시는 문화가 강한 중국인들이 커피 소비를 위해 지갑을 열고 있는 것이다. 개인당 한 해에 커피를 평균 2잔밖에 마시지 않는 중국에서 커피를 마시기 시작한 것은 엄청난 트렌드의 변화라고 볼 수 있다. 중국 시장의 성쇠가 스타벅스의 성장을 결정짓는 큰 역할을 할 것으로 보인다.

2. 모바일 주문 & 결제 시스템 도입을 통한 고객 회전율 증가

스타벅스는 2015년부터 뉴욕을 시작으로 익스프레스 매장Express store을 오픈할 예정이다. 기존 드라이브 스루Drive Thru 매장의 매출액이 일반 매장보다 40% 정도 증가세를 보이자, 한 단계 더 진화된 익스프레스 매장을 오픈하기로 결정한 것이다.

익스프레스 매장의 목적은 빠른 주문과 결제를 통한 회전율 증가이다. 줄을 서서 주문하고 결제하는 시간을 최소로 하는 것이 목표이다. 익스프레스 매장은 기존 매장에 비해 음료 종류가 적으며, 모바일을 통한 주문과 디지털 결제 시스템을 도입해서 대기 시간을 대폭 단축시킬 예정이다.

페이스북(Facebook)

소셜 네트워크 서비스의 절대적 강자는 페이스북(종목코드 : FB)이다. 창립자인 마크 주커버그가 2003년 하버드 대학에서 페이스매시(Facemash : 교내 퀸카 투표 사이트)로 시작한 페이스북은 이후 각 학교로 전파되어 대학생들 사이에서 유행하기 시작했다. 현재는 12억 명의 사용자를 보유한 SNS 최대 기업으로 성장했다.

게다가 스마트폰 보급률 증가는 페이스북에 날개를 달아주었다. 전세계 인구 70억 명 중에 페이스북 사용자는 12억 명이다. 약 5.8명당 1명이 페이스북 사용자라고 볼 수 있다. 실로 대단한 수치이다. 페이스북은 12억 명을 모은 뒤, 엄청난 광고 수익 모델을 만들어냈으며 이제 금융권까지 넘보고 있다.

페이스북이 2006년 일반인에게 플랫폼을 공개할 당시 가입자 수는 1,200만 명이었다. 그림 3-12처럼, 그후 매년 약 2.5~3억 명 추세로 꾸준히 증가하고 있다. 지인과 함께 공유해야만 하는 SNS의 특성이

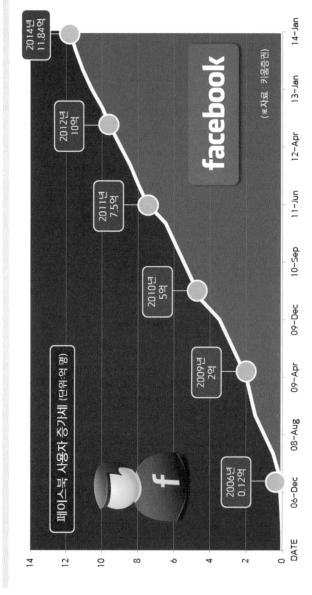

| 그림 3-12 | **페이스북 사용자 증가세** : 2006년 당시 페이스북의 가입자 수는 1,200만 명이었다. 그후 매년 약 2.5~3억 명 추세로 증가하여 현재 페이스북의 사용자는 약 12억 명에 달한다.

사용자 수 증가로 자연스레 이어진 것이다.

페이스북은 사용자가 가장 중요한 원천이라는 사실을 잘 알고 있었다. 그래서 무리하게 광고를 넣거나 유료화 전략을 펼치지 않고 사용자 중심의 인터페이스로 SNS에만 집중할 수 있도록 플랫폼을 조성했다. 그리고 12억 명이 모인 지금, 바야흐로 모바일 광고를 시작하면서 큰 수확을 거둬들이고 있으며 이제 금융까지 사업 기반을 넓히고 있다.

페이스북이 대 히트를 친 '좋아요' 버튼 이외에 'Buy(삽니다)' 버튼은 금융 결제를 위한 버튼이며 현재 개발 중이다. 이 버튼을 통해 페이스북 사용자는 페이스북 내에서 금융 결제를 할 수 있다. 12억 명의 고객 풀을 가지고 있는 페이스북이 금융 거래를 시작하면 전자상거래의 새로운 장이 열릴 것으로 시장은 분석하고 있다.

그림 3-13에 나타난 것처럼, 페이스북은 2008년부터 폭발적인 매출액 성장세를 보였다. 이전까지 페이스북은 단지 사용자 수만 많고 확실한 수익 기반이 없는 거대 집단에 지나지 않았지만, 2008년부터 온라인 광고 등의 수단으로 꾸준히 매출액을 올리기 시작했다. 2009년 매출액은 전년 동기 대비 185.7%, 2010년에도 전년 동기 대비 154% 상승하면서 3년 만에 매출액은 1,300%로 껑충 증가했다. 이 구간이 페이스북이 가장 큰 성장을 보여준 구간이었다.

여기서 페이스북은 과감하게 데스크톱 비중을 줄이고 모바일 쪽에

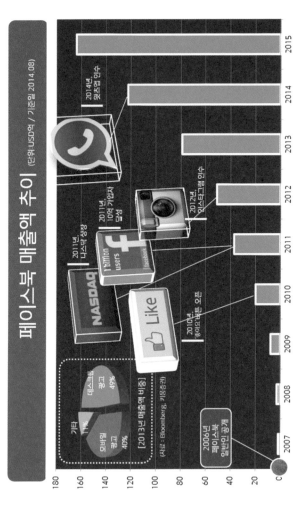

|그림 3-13| **페이스북 매출액 추이** : 페이스북은 2008년부터 주로 온라인 광고를 통해 매출을 올리기 시작했다. 나스닥 등 광고와 모바일 광고 등의 매출로 매년 폭발적인 성장세를 보이고 있다.

집중하기 시작했다. 시장의 흐름이 모바일로 바뀌어가는 것을 누구보다 빨리 감지해내고 모든 사업의 방향을 모바일로 전환했다. 돈이 잘 벌리고 있는 사업 부분을 축소하고 새로운 시장에 베팅하는 것은 큰 모험이었다.

이듬해인 2012년 모바일 광고 수익이 조금씩 발생하기 시작했고, 2013년 6.7배 상승하며 데스크톱 광고 비중과 동일한 수준까지 올라갔다. 불과 1년 만에 모바일 광고 수익이 데스크톱을 따라잡은 것이다.

그리고 페이스북은 앞서 설명한 금융 결제 시스템까지 준비하고 있다. 12억 명의 사용자와 금융이 결합한다면? 페이스북 주가를 반드시 지켜봐야 하는 이유 중 하나이다.

그럼 페이스북은 어떻게 이와 같은 성공을 가져올 수 있었을까?

첫 번째, 페이스북은 사용자들이 감정을 공유할 수 있는 인프라를 누구보다 잘 구축해놓았다. 과거 국내의 싸이월드가 폭발적인 인기를 얻었던 것처럼 미국에서는 페이스북이 그 역할을 맡았다. 일상을 공유하고, 감정을 공유할 수 있는 시스템, 그리고 무엇보다 내가 알 만한 사람(You May Know) 등을 찾아주면서 페이스북 전파는 마치 바이러스가 퍼지듯이 빠르게 이루어졌다.

두 번째, 스마트폰 보급률 증가에 따른 모바일 수익의 증가이다. 페이스북의 성장과 스마트폰 보급률 증가는 밀접한 연관성을 가진다.

만약 스마트폰 시장이 함께 성장하지 않았다면, 페이스북은 지금처럼 거대 기업으로 성장하지 못했을 것이다.

기존 페이스북은 사용자 수는 많지만 확실한 수익기반 모델을 찾지 못하는 딜레마에 빠져 있었다. 그 해답을 모바일 시장에서 찾았다. 모바일 광고를 통해 수익이 처음으로 플러스로 전환된 것이다. 페이스북이 모바일 광고로 수익을 크게 거둬들이기 시작한 것은 불과 2년 전부터였다. 바로 지금이 데스크톱에서 모바일 시장으로 전환하는 전환점이다.

2012년 모바일 광고 수익은 데스크톱의 약 $\frac{1}{8}$ 수준이었지만, 불과 1년 만에 모바일이 데스크톱을 따라잡았다. 2013년 데스크톱 광고 수익은 38.3억 달러였으며, 모바일 광고 수익은 31.5억 달러를 기록했다. 데스크톱은 전년 동기 대비 비슷한 수치였으나, 모바일 수익은 6.7배 성장했다. 아마 2015년에는 모바일 수익이 데스크톱을 넘어설 것으로 기대하고 있다. 그만큼 스마트폰 시장의 성장세와 함께 페이스북도 함께 커 가는 양상을 보인다.

세 번째, 오픈 플랫폼Open Platform 정책이다. 페이스북은 자사의 플랫폼을 숨기지 않고 오픈했다. API Application Platform Interface 공개를 통해 60만 개의 애플리케이션이 페이스북의 서버에 연동될 수 있도록 환경을 조성했다.

뉴스를 보거나 게임을 할 때 언제든 페이스북을 통해 이를 공유할 수 있다. 게임 회사 징가Zynga가 자사의 게임을 페이스북에 연동시키면서 커다란 수익을 가져간 것이 그 예다. 이는 애플이 자사의 앱스토어를 공개한 것처럼, 시대의 흐름에 맞춘 'E-business 플랫폼 경영'이라고 할 수 있다.

네 번째, 페이스북이 가진 강력한 무기는 바로 12억 사용자가 직접 가져다 바치는 '빅데이터'이다. 페이스북은 이 빅데이터를 실제 상업적으로 활용할 준비가 되어 있다.

현대 사회는 소비자의 소비 패턴이 굉장히 다양하게 분포되어 있는 만큼, 빅데이터의 중요성도 커졌다. 얼마 전 페이스북이 사용자들의 빅데이터를 이용해 감정을 컨트롤하는 실험을 했다는 것이 알려져 비난을 받기도 했었다. 그만큼 빅데이터의 중요성이 다시 한 번 부각되는 시점이다.

페이스북이 사용자들의 빅데이터로 얼마만큼 수익을 창출해낼지는 앞으로 지켜봐야겠지만, 그림 3-14의 페이스북 주가 추이를 보면 쉽게 예상할 수 있을 것이다.

스마트폰 사용량에서 페이스북의 비중은 얼마나 될까?

최근 아이폰의 iOS와 구글의 안드로이드 사용도 분석 결과, 스마트폰 데이터 사용량의 약 80%는 어플을 이용하는 데 쓰이고 나머지 20%는 인터넷 검색에 사용하는 것으로 집계되었다. 모바일 게임은 전체 어플 이용 데이터의 32%를 차지했으며, 그다음으로 놀랍게도

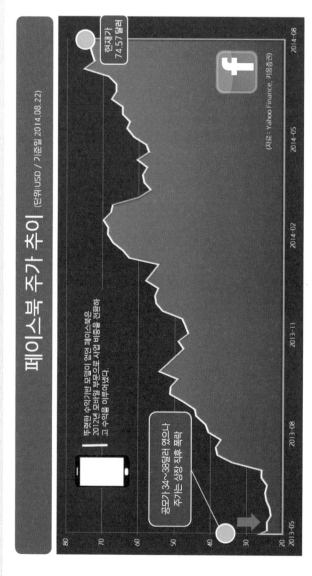

페이스북 주가 추이 (단위:USD / 기준일 2014.08.22)

현재가
74.57달러

탄탄한 수익기반 모델이 없던 페이스북은
2012년 모바일 부문으로 사업 방향을 전환하
고 수익을 이루어냈다.

(자료 : Yahoo Finance, 키움증권)

공모가 34~38달러 였으나
주가는 상장 직후 폭락

80
70
60
50
40
30
20

2013-05 2013-08 2013-11 2014-02 2014-05 2014-08

|그림 3-14| **페이스북 주가 추이** : 페이스북은 2012년부터 모바일 쪽으로 사업 방향을 전환하여 큰 수익을 얻고 있다. 또한 현재 개발
중인 '섬니다(Buy)' 버튼이 상용화되면 페이스북의 수익이 더욱 증가할 것으로 기대된다.

페이스북 이용이 18%로 2위를 차지했다.

페이스북의 행보는 여기서 멈추지 않는다. 애플과 구글이 그들만의 세상을 꿈꾸는 것처럼 페이스북도 '페이스북 월드'를 꿈꾼다. 페이스북을 단순 SNS가 아닌 하나의 플랫폼으로 만들어 모든 인터넷을 통제하고 싶어 한다. 현재 개발 중인 '삽니다(Buy)' 버튼은 이제 페이스북이 e커머스(E-commerce : 전자상거래)까지 침투하고 있음을 알 수 있다. 언제 어디서든 페이스북을 통해 간편하게 물건을 결제할 수 있다.

그리고 12억 사용자에게 페이스북만큼 익숙한 인터페이스는 없기 때문에 이는 페이스북의 기대수익을 높여줄 것으로 기대된다. 마치 카카오톡이 결제 서비스를 준비하고 있는 것과 같다.

구글(Google)

스마트폰 시장의 성장세와 더불어 강력한 기업으로 발돋움하는 기업이 있다. 바로 구글(종목코드 : GOOGL)이다.

스탠퍼드 대학 박사 과정 학생이었던 래리 페이지와 세르게이 브린은 1998년 구글을 비공개 기업으로 설립하였다. 구글은 창립한 지 15년 만에 미국 역사상 가장 성장률이 빠른 글로벌 기업으로 우뚝 섰다. 구글은 기존 검색엔진과 차별화된 신개념 검색엔진을 가지고 안드로이드, 크롬, 유튜브 등 강력한 기타 매체와 함께 트렌드 메이커로 자리 잡고 있다. 구글도 애플과 함께 '구글 월드'를 꿈꾸는 기업이다. 생활의 모든 것을 구글과 연동시키겠다는 목표가 확고하다.

구글은 온라인 사업에 기반을 둔 광고 수익 기반 회사이다. 구글이 벌어들이는 수익의 90%는 온라인 광고에서 나오고 있으며, 구글크롬, 안드로이드 등의 강력한 매체 플랫폼을 통해 꾸준한 광고 수익을 올리고 있다.

구글의 혁신적인 검색 방식은 구글의 주가를 1년에 32.92%, 2년 동안 101.74% 증가시켰다(2014년 6월 27일 기준). 최근 2년 새 주가 상승률이 가장 두드러지게 나타났으며, 이는 모바일 시장 상승세와 동반하여 수익이 증가한 것으로 분석된다. 그만큼 모바일 시장이 21세기 산업의 가장 큰 화두로 성장한 것이다.

구글과 애플이 과거 독점 기업이었던 마이크로소프트를 뛰어넘을 수 있었던 가장 큰 원인은 바로 모바일 시장 공략이었다.

그림 3-15에서 알 수 있듯이, 구글의 주가는 지난 2008년 금융위기 당시 131달러까지 떨어졌다. 그후 2009년 나스닥 기술주의 반등으로 주가는 상승하는 듯 보였으나, 2012년까지 박스권에 갇혀 있었다. 하지만 스마트폰 시장의 상승에 힘입어 최근 2년 동안 70%대 상승이라는 놀라운 상승률을 기록 중이다.

"구글의 주가가 이렇게 많이 올랐는데 사도 괜찮은가?"라고 묻는다

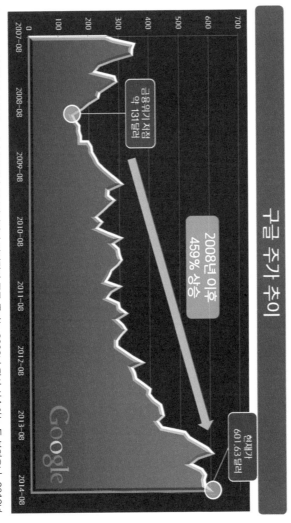

구글 주가 추이

금융위기 지점 약 131달러	
2008년 이후 459% 상승	
현재가 601.63달러	

Google

|그림 3-15| **구글 주가 추이** : 지난 2008년 131달러까지 떨어졌던 구글 주가는 2009년 점차 상승하는 듯 보였으나, 2012년 까지 박스권에 갇혀 있었다. 하지만 최근 2년간 스마트폰 시장의 상승에 힘입어 70%대 상승이라는 놀라운 주가 상승률을 기록 중이다.

면, 나는 거침없이 "YES!"라고 말할 수 있다. 기업의 미래 주가를 결정짓는 것은 재무제표도, 차트도 아닌 기업이 팔고 있는 상품이기 때문이다.

구글에서 내놓는 모든 상품 플랫폼은 현재 트렌드 변화의 핵심에 서서 시장을 잡아먹고 있다. 특히 모바일 사업은 중추적인 역할을 하고 있다. 모바일 기기 하나만으로 모든 생활을 연결시키는 것이 애플과 구글이 지향하는 멀지 않은 미래 사회의 모습이다. 구글은 '안드로이드'라는 운영체제를 통해 세상이 움직이기를 원한다.

슈퍼모니터링 리서치에 의하면, 2013년 기준 모바일폰 이용자는 전 세계 인구의 91%에 달하며, 그중 56%는 스마트폰을 이용하고 있다. 스마트폰 사용자의 50%는 스마트폰 인터넷 검색을 데스크톱보다 더 선호하고 있으며, 스마트폰 이용 시간의 80%는 어플을 사용하는 것으로 집계되었다.

이렇게 크게 성장하는 스마트폰 시장에서 구글은 얼마만큼의 점유율을 가지고 있을까? 그 결과는 놀랍게도 애플을 능가한다. 2013년 기준 안드로이드는 78.9%의 점유율을 차지했으며, 애플의 iOS가 그 뒤를 이어 15.5%, 마이크로소프트는 3.6%로 3위를 차지했다. 구글이 차지하는 스마트폰 시장에서의 영향력은 거의 절대적이다.

그림 3-16에 나타난 것처럼, 구글의 매출액은 지난 1999년 약 22만 달러에 불과했다. 그리고 2013년은 598억 달러로 약 27배 상승했다.

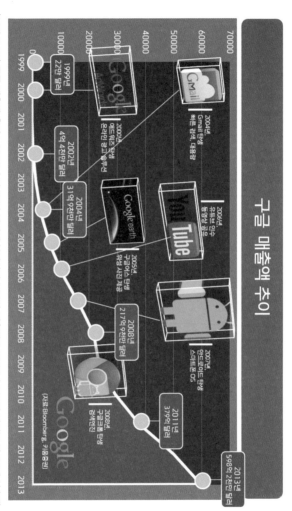

구글 매출액 추이

70000
60000
50000
40000
30000
20000
10000
0

1999년
22만 달러

2002년
4억 4천만 달러

2004년
3 1억 9천만 달러

2004년
Gmail 출시
빠른 검색, 내용량

2000년
애드워즈 탄생
단순한 검색 광고와
그 연관어로 광고노출

2006년
유튜브 인수
등장의 공유

2005년
구글어스 탄생
위성 사진과 지도

2007년
안드로이드 탄생
스마트폰 OS

2008년
217억 9천만 달러

2008년,
구글크롬 탄생
검색엔진

2011년
379억 달러

2013년
598억 2천만 달러

1999 2000 2001 2002 2003 2004 2005 2006 2007 2008 2009 2010 2011 2012 2013

(자료: Bloomberg, 키움증권)

| 그림 3-16 | 구글 매출액 추이 : 1999년 약 22만 달러에 불과하던 구글의 매출액은 2013년 598억 달러로 약 27배 상승했다. 2006년 유튜브를 인수하고, 2007년 안드로이드와 2008년 구글크롬을 탄생시키면서 트렌드 메이커로서의 위치를 군건히 하고 있다.

구글이 본격적인 성장궤도에 들어선 건 지난 2006년부터다. 이 시기에 구글은 동영상 공유 기업인 유튜브를 인수하고 2007년 안드로이드를 탄생시키면서 모바일 시장에서 애플과 어깨를 나란히 하기 시작했다. 그후 2008년 구글크롬을 탄생시키면서 이제는 마이크로소프트의 인터넷 익스플로러를 위협하고 있다.

게다가 최근 미국 국가안보부와 영국 국가컴퓨터 비상대응팀이 익스플로러의 보안 취약점을 발견하고 다른 브라우저를 사용해달라고 권고한 뒤, 크롬으로의 이동 현상은 더욱 강해지고 있다.

구글이 가지고 있는 비즈니스 플랫폼과 성장 동력은 아래와 같이 정리할 수 있다.

1. 구글의 차별화된 플랫폼 경영

구글은 모바일 시장뿐만 아니라, 검색엔진 플랫폼에도 차별화 전략을 채택하여 큰 수익을 얻고 있다. 구글의 시스템은 그림 3-17처럼 페이지랭크(검색 알고리즘), 애드워즈(광고 솔루션), 애드센스(외부 사이트 제휴 솔루션) 이렇게 3개로 나누어 볼 수 있다.

첫째, 페이지랭크는 말 그대로 인터넷 사이트에 순위를 매겨서 검색어를 넣을 때 점유율이 높은 페이지를 먼저 찾아주는 역할을 한다. 이는 학회 논문에 중요도를 매기는 시스템에서 가져왔다. 논문은 맨 뒤에 인용한 논문을 적게 되는데, 이 시스템에서는 인용이 많이 된 논

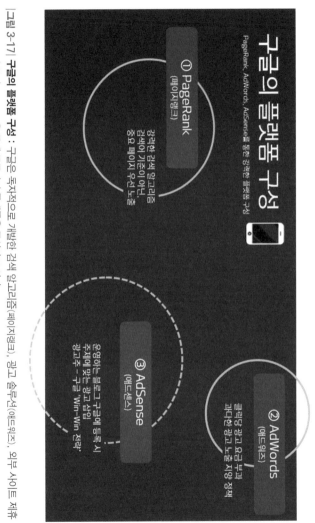

| 그림 3-17 | **구글의 플랫폼 구성** : 구글은 독자적으로 개발한 검색 알고리즘(페이지랭크), 광고 솔루션(애드워즈), 외부 사이트 제휴 솔루션(애드센스)을 통해 구글의 플랫폼을 구성하고 있다.

문일수록 중요도가 높다고 판단한다. 이를 검색 시스템에 적용시킨 것이다.

둘째, 애드워즈는 광고 솔루션이다. 기존 포털 업체들이 노출당 광고 요금을 부과하는 시스템을 사용하는 반면, 구글은 클릭당 광고 요금을 부과하는 시스템을 가지고 있다. 구글 페이지를 접속해보면 광고 하나 없이 깨끗한 메인 페이지를 볼 수 있을 것이다. 이런 광고 분리가 창업자인 브린과 페이지가 지향하는 정책이다. 클릭 수를 통해 광고 요금을 받고 있기 때문에 가능한 정책이라고도 볼 수가 있고, 이용자 측면에서는 쓸데없는 광고를 접하지 않아도 되니 심플한 검색이 가능해진다.

셋째, 애드센스는 외부 사이트 제휴 솔루션이다. 내가 운영하고 있는 블로그를 구글에 등록하면, 구글에서 내 블로그를 모니터링하고 블로그 주제와 어울리는 광고를 삽입시켜 준다. 셋 모두가 윈윈Win-Win할 수 있는 획기적인 시스템이라고 할 수 있다.

2 '안드로이드', 스마트 기기 시장을 잡아먹다

구글의 가장 큰 비즈니스 모델 중 하나는 바로 안드로이드이다. 리서치 기관인 스트래티지 애널리틱스Strategy Analytics에 의하면 2014년 2분기 종료 기준 구글의 안드로이드가 스마트폰 OS 시장에서 84.6%의 점유율을 차지했다고 밝혔다. 그 뒤를 이어 애플의 iOS가 11.9%,

마이크로소프트는 2.7%, 블랙베리가 0.6%를 차지했다. 애플과 마이크로소프트가 각 1.5%, 1.1% 떨어지는 동안 구글의 안드로이드는 오히려 4.4% 상승하면서 그 위용을 과시했다.

안드로이드는 중국의 샤오미Xiaomi와 만나면서 더욱 강해졌다. 짝퉁 아이폰의 대명사였던 샤오미폰이 구글의 안드로이드 OS를 탑재하여 완성도 높은 스마트폰으로 거듭났다. 그러자 샤오미폰은 글로벌 스마트폰 시장에서 단숨에 1,510만 대를 판매하면서 점유율 5%를 차지했다.

| 전 세계 스마트폰 OS 점유율 |

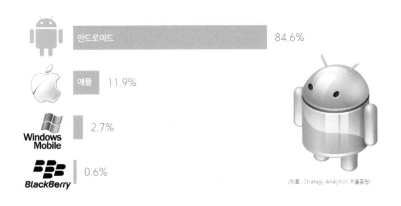

안드로이드 84.6%

애플 11.9%

Windows Mobile 2.7%

BlackBerry 0.6%

(자료 : Strategy Analytics, 키움증권)

3. '유튜브', 구글의 오른팔이 되다

유튜브Youtube 사용자는 계속해서 증가하고 있지만, 유튜브를 구글에서 운영한다는 사실을 아는 사용자들은 그리 많지 않다. 구글은 이제 동영상 공유 산업에까지 뛰어들었다. 유튜브는 누구든지 직접 동영상을 올려서 공유하는 플랫폼이다.

2005년 설립 당시 타임 지는 이를 극찬했으며, 현재 페이스북, 구글과 어깨를 나란히 할 정도로 많은 방문자 수와 실제 사용자Subscriber를 보유하고 있다. 구글은 설립한 지 1년 6개월이 된 유튜브를 16억 5,000만 달러를 들여 사들였다. 유튜브의 성장 가치를 누구보다 먼저 알아본 것이다.

현재 유튜브는 매월 10억 명 이상의 사용자를 보유하고, 매월 60억 시간 분량의 동영상이 시청되며, 매분 100시간 분량의 동영상이 업

YouTube(구글)
동영상 공유 플랫폼
2005년 탄생
구글이 16.5억 달러에 인수
10억 명 사용자 보유
매월 60억 시간 동영상 시청
매분 100시간 분량 영상 업로드

(자료: YouTube, 키울증권)

로드되고 있다. 또한 유튜브 트래픽의 80%가 미국 이외의 국가에서 발생하는 점을 감안하여 61개 국가 언어로 번역 시스템을 제공하고 있다.

여론조사기관 닐슨은 "만 18~34세의 미국 남성은 케이블 네트워크보다 유튜브를 더 선호한다."라고 밝혔다. 단순히 사용자만 많은 것이 아니다. 현재 전 세계 30개 이상의 국가에서 유튜브를 통해 수익을 창출하는 백만 명 이상의 제작자를 보유하고 있으며, 수천 개의 채널에서 수익을 벌어들이고 있다. 유튜브에서 벌어들이는 정확한 수익은 공개되고 있지 않지만, 약 50억 달러의 연간 수익을 예상하고 있다.

구글은 이외에도 제품 및 시장 확대를 위해 공격적인 M&A를 진행하고 있다. 구글의 가장 역사적인 M&A는 '모토로라 모빌리티' 인수였다. 당시 실적 고전을 면치 못하고 있던 모토로라를 구글은 125억 달러에 사들였다.

인수의 가장 큰 목적은 모토로라가 가진 특허권(약 17,000여 개)을 활용한 구글 안드로이드 보호였다. 비록 모토로라는 2년 뒤 29억 달러로 중국의 레노버에 다시 팔렸지만 구글은 모토로라의 특허권을 모두 유지하고 있으므로 향후 특허권 분쟁에서 살아남을 수 있는 발판을 마련한 셈이다.

구글이 지난 2001년부터 사들인 기업은 총 163개에 달한다. 약

280억 달러를 투자해서 마련한 발판은 구글을 더욱 강하게 만드는 역할을 하고 있다. 특히 안드로이드는 고작 5,000만 달러에 인수했을 정도로 신생 기업이었지만 지금은 구글의 메인 역할을 하고 있다.

기타 네스트랩(가정용 전자 기기 안드로이드 제어 솔루션), 웨이즈(GPS 및 내비게이션), 보스턴 다이내믹스(로봇 개발), DNN 리서치(인간 뇌신경 연구 업체), 타이탄 에어로스페이스(무인비행기, 드론) 등의 기업이 손에 꼽을 만하다. 최근 구글은 드론을 활용한 택배 시스템(프로젝트 윙)도 현실화 중이어서 아마존과 정면 대립을 앞두고 있다. 이제는 드론이 택배를 하는 시대가 온 것이다.

포드자동차(Ford Motors)

국내 투자자들에게 자동차 주식은 당연히 현대차와 기아차이다. 하지만 최근 2년간 현대차와 기아차가 눌린 원인을 알게 된다면, 더 이상 포트폴리오를 국내 자동차 주식에만 국한하지 않을 것이다.

지난 금융위기 이후 글로벌 자동차 기업들은 힘든 시기를 겪었다. 미국의 Big4 자동차 기업은 모두 자금 수혈로 생명줄을 간신히 유지하던 시절이었다. 유지도 어려운데 신제품 개발에 힘쓸 수가 없었던 것은 당연하다. 바로 이때 시장에서 슈퍼스타로 떠오른 것이 '현대차ᴏᴏ₅₃₈₀'였다. 현대차는 경쟁사들이 힘든 시기를 틈타 공격적인 전략을 취하며 미국 시장을 차츰 점령해갔다.

하지만 최근 이런 트렌드가 바뀌기 시작했다. 미국이 회복을 넘어 상승으로 바뀌면서 자동차 메이커들이 다시 일어서기 시작했으며, 일본은 아베노믹스를 발판으로 싼 값에 품질 좋은 일본 자동차를 글로벌 시장에 팔기 시작했다. 유럽 시장도 회복세를 보이면서 자동차 시장이 함께 살아나고 있는 모습이다.

이러한 대외적인 요건들로 인해 최근 현대차는 글로벌 시장에서 부진을 면치 못하고 있다.

미국의 넘버1 메이커인 GM은 금융위기 당시 지원받았던 정부의 구제금융 자금을 2013년 12월에 모두 상환했으며, 포드자동차(종목 코드 : F)도 두 자릿수 판매 증가율을 보이고 있다. 유럽 시장도 경제 위기 이후 반복적인 구조조정을 통해 허리띠를 조인 덕에 경쟁력을 회복해가고 있다. 2014년 상반기 유럽 자동차 시장은 전년 동기 대비 6.3% 성장했다.

반면 현대차는 대조적인 모습을 보이고 있다. 2014년 초 북미 시장 판매 부진으로 북미 법인장인 존 크라프칙 사장을 교체하였다. 현대의 핵심인 유럽 시장 판매율도 2014년 상반기에 전년 동기 대비 2.4% 감소했다. 게다가 엔저(아베노믹스)를 이용해 무섭게 기세를 몰아붙이는 일본 자동차 때문에 현대차는 더욱 고전을 면치 못하고 있다.

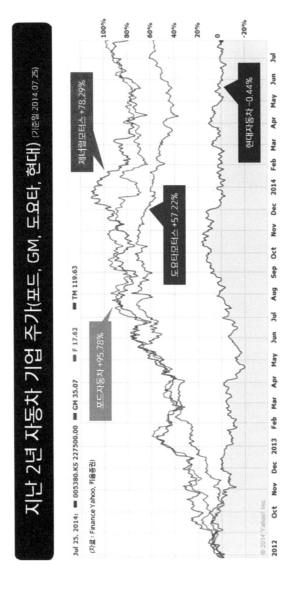

지난 2년 자동차 기업 주가(포드, GM, 도요타, 현대) (기준일: 2014.07.25)

Jul 25, 2014: ■ 005380.KS 227500.00 ■ GM 35.07 ■ F 17.62 ■ TM 119.63

(자료 : Finance Yahoo, 키움증권)

제너럴모터스 +78.29%

도요타모터스 +57.22%

포드자동차 +95.78%

현대자동차 -0.44%

© 2014 Yahoo! Inc.

|그림 3-18| 지난 2년 자동차 기업 주가 : 미국의 경제 회복과 일본의 엔저 정책으로 글로벌 자동차 기업들과 현대자동차 간 주가 수익률이 벌어지고 있다. 포드, GM, 도요타까지 50% 이상의 상승률을 보인 반면, 현대자동차는 제자리 수익률인 -0.44%를 기록했다.

지난 2년간 글로벌 자동차 기업의 주가 수익률을 그림 3-18을 통해 살펴보자. 포드자동차는 95% 상승, GM(제너럴모터스)은 80% 상승, 도요타자동차는 57% 상승했다. 반면 현대차는 제자리 수익률인 -0.44%를 기록했다. 이 그래프만 보더라도 현대차와 글로벌 자동차 기업 간에 괴리가 더욱 커지고 있음을 알 수 있다.

필자는 미국의 자동차 기업 중 포드자동차를 눈여겨보고 있다. 포드자동차의 경영 철학은 '저렴한 자동차'이다. 모든 이들이 저렴한 가격에 품질 좋은 자동차를 타도록 하는 것이 창업자 헨리의 기업 철학이다. 포드자동차는 링컨과 머큐리 브랜드를 통해 몸집을 키우고 이후 랜드로버, 마쓰다, 재규어, 애스톤마틴 등을 인수하면서 시장에 인지도를 차츰 높여 나갔다.

포드자동차는 현대차가 주춤한 틈을 타 무서운 성장세를 보여주고 있다. 포드자동차의 매출액 증가는 그림 3-19에 잘 나타나 있다. 2014년 2분기에는 영업이익이 사상 최대 규모인 25억 9,000만 달러를 기록했으며, 순익도 전년 동기 대비 6% 증가한 13억 1,000만 달러를 기록했다.

북미뿐만 아니라, 유럽과 중국 판매량 증가가 실적에 큰 영향을 끼쳤다. 특히 중국 시장에서는 54만 9,256대가 팔리면서 역대 최다 판매 기록을 수립했다.

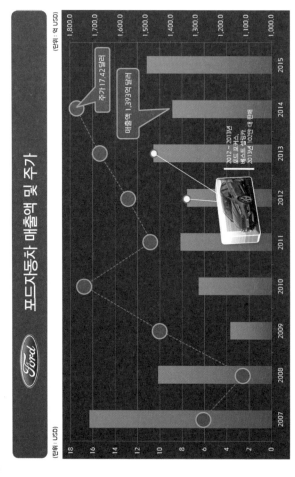

| 그림 3-19| **포드자동차 매출액 및 주가** : 포드자동차는 2014년 2분기에 사상 최대의 영업 이익(25억 9,000만 달러)을 기록했다. 특히 중국 시장에서의 매출 증가는 중요한 상승 요인이다. 포드자동차는 앞으로도 이머징 시장 진출에 주력할 예정이다.

포드 포커스
2년 연속 글로벌 베스트 셀링카
2013년 1,020,140대 판매
2012년 1,014,965대 판매
중국 시장 30% 판매량 증가

[자료 Ford Motors, 키움증권]

포드자동차의 주력 차종 모델인 '포커스Focus'는 2년 연속 글로벌 베스트 셀링카로 선정되기도 했다. HIS오토모티브에 따르면, 포드 포커스가 2013년에 102만 대가 팔리면서 2년 연속 1위를 차지했다. 이는 중국 시장 매출액 증가에 따른 성장세라는 분석이다. 포커스는 중국에서 약 40만 대가 팔리면서 중국 시장에서만 전년 대비 30% 성장했다.

포드자동차의 모멘텀 요인도 분석해보자. 포드는 '원포드' 시스템을 내세워 플랫폼 공장을 공유하면서 비용 절감을 실행에 옮겼다. 또한 중국 시장 및 중동, 아프리카 시장 공략을 통해 수익을 증가시킬 계획이다.

1. 원포드 시스템을 통한 획기적인 비용 절감

포드자동차는 최근 자동차 시장 약세에도 불구하고 좋은 순익을 보여줬는데, 그 원인은 획기적인 비용 절감에 있다. 플랫폼을 전 세계 공장에서 공유하는 원포드 플랜(One Ford Plan : 미국·유럽 구분 없이 플랫폼 공유) 전략을 통해 비용 절감에 크게 성공했고, 이는 곧바로 수익으로 이어졌다. 원포드 플랜은 포드의 비용을 크게 절감시키면서 성공적인 전략으로 자리 잡고 있다.

2. 중국 시장 판매 급증

포드자동차는 이머징 시장 등 해외 시장 진출에 전력을 쏟고 있다. 특히 아르헨티나, 브라질, 중국, 인도, 태국 등의 시장을 주요 타깃으로 삼았다. 포드는 향후 10년간 글로벌 시장 매출액의 60~70%를 아시아퍼시픽 시장에서 가져올 계획이다. 그리고 4~5년 내에 총 매출액의 40%를 아시아퍼시픽 시장에서 얻기를 기대하고 있다. 그만큼 중국과 인도의 성장세에 큰 기대감을 걸고 있다.

2013년 포드의 중국 시장 매출액은 약 49% 증가하였고, 2014년에도 성장세는 꾸준히 증가하고 있다. 2014년 1월부터 7월까지 매출액은 33%가 증가하였으며 중국 시장에서만 약 64만 대가 팔려 나갔다.

또한 2015년 말에 신규 차량 15종을 중국 시장에 공개할 예정이다. 글로벌 시장 수요가 증가하자 포드는 생산 라인도 늘리고 있다.

3. 중동 & 아프리카 시장 공략

포드는 중동, 아프리카 지역에서 2020년까지 약 550만 대가 팔려 나갈 것으로 예상하고 있다. 이 시장을 더욱 깊게 파고들기 위해 약 17개의 신규 또는 페이스리프트 차량을 2015년까지 내놓을 예정이다. 또한 2016년까지는 총 25개의 신규 차종도 내놓을 전망이다.

테슬라자동차(Tesla Motors)

최근 2년간 가장 뜨거운 주식을 꼽는다면 당연히 테슬라자동차(종목코드 : TSLA)이다. 미국의 거대 자동차 기업들이 독식하고 있는 시장을 테슬라자동차는 당당히 비집고 들어가 전기자동차를 팔기 시작했다. 테슬라자동차는 2013년 한국에서 기업설명회IR를 가질 정도로 한국인들의 관심도 높다. 국내 증시에 상장되지도 않은 기업이 기업설명회를 진행한 것은 이례적인 일이다. 전기자동차를 가지고 새로운 자동차 강자로 떠오르고 있는 것이다.

그림 3-20은 테슬라자동차의 3년 동안의 주가 상승률이다.

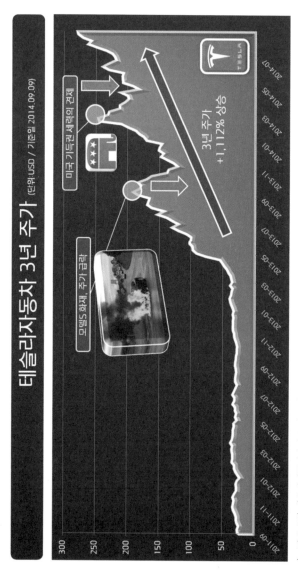

테슬라자동차 3년 주가 (단위:USD / 기준일 2014.09.09)

미국 기득권 세력의 견제

모델S 화재, 주가 급락

3년 주가
+1,112% 상승

|그림 3-20| **테슬라자동차 3년 주가** : 테슬라자동차는 지난 3년간 주식 상품인 '모델S'의 화재 사건, 미국 기득권층과의 대결이라는 두 가지 악재에도 불구하고 1,100%가 넘는 경이적인 상승률을 기록했다.

1,100%라는 경이적인 상승률이 불과 3년 만에 이루어진 결과라고는 믿기지 않는다. 그 사이 두 차례 정도 어려움을 겪기는 했지만, 테슬라자동차는 CEO 앨런 머스크의 지휘 아래 지금도 굳건히 자리를 지켜내고 있다.

지난 2013년 9월 테슬라자동차의 주력 판매 모델인 '모델S'가 화염에 휩싸이는 동영상이 유튜브를 통해 퍼지자, 주가는 큰 폭으로 하락하기 시작했다. 전기자동차가 아직 시장에 정착되지 않았기 때문에 전기배터리와 화재에 대한 불안감이 기업의 주가에 악재로 작용한 것이다. 그리고 얼마 못 가 또 한 번 화재가 발생하여 테슬라 주가는 약 40% 이상 빠지기도 했다.

테슬라자동차는 굳건히 화재 이슈를 버텨냈지만 또 다른 장벽에 부딪히고 만다. 미국의 기득권층과 정면 대결을 해야 하는 상황이 온 것이다. 미국의 거대 자동차 기업, 정유 회사, 그리고 이들에게 후원받고 있는 공화당은 테슬라자동차의 성장을 좋게 바라보지 않았다. 테슬라자동차의 성장은 기존 휘발유 자동차 판매 감소로 이어질 것이며 정유 회사에도 위협이 되기 때문이다.

이들은 그들이 가진 권력을 이용해 기존 자동차 딜러들에게 테슬라자동차 판매를 기부히도록 만들었다. 테슬라자동차의 유통망을 차단하겠다는 전략이었다.

차량을 판매할 수 없는 위기에 봉착한 테슬라자동차는 직접 판매를 시작했고, 곧 엄청난 판매고를 올리기 시작했다. 테슬라자동차가 많이 팔려 나가자, 기득권층은 법적으로 대응하기 시작했다. 바로 테슬라자동차가 직판(직접 판매)하는 것은 위법이라고 주장했으며, 이들에게 후원받고 있던 공화당은 법안 발의까지 추진하며 기득권층을 도왔다.

테슬라자동차의 CEO 엘런 머스크는 헌법소원과 백악관 청원 등으로 반격을 시도하며 대치 중이다. 현재 테슬라자동차는 텍사스, 애리조나, 메릴랜드, 뉴저지 4개 주에서 직판을 금지당한 상황이며, 미국의 로비스트들은 테슬라자동차를 저지하기 위해 더욱 노력 중이다.

미국은 전기자동차 구매자에게 혜택을 주는 나라이고 친환경 정책으로 전기자동차를 후원하겠다고 밝혔는데, 그 이면에는 기존 자동차 관련 기업들과 썩은 관료들이 전기자동차의 성장을 막는 아이러니한 상황이 벌어지고 있는 것이다. 이는 테슬라자동차 주가에도 커다란 리스크 요인으로 자리 잡고 있다.

하지만 테슬라자동차의 성장 동력은 무섭게 커지고 있다. 테슬라자동차는 지난 100년간 화석을 주 연료로 사용하던 산업 체제 자체를 바꾸어놓을 수 있는 기대주로 떠올랐다. 이 책을 통해 끊임없이 강조하는 새로운 트렌드 리더 기업에 속하는 것이다. 기존 거대 자동차 기업들이 전기자동차 시장에 도전장을 내밀었지만 테슬라자동차만큼 혁신적인 차를 만들어내진 못했다.

테슬라자동차의 주력 판매 모델인 '모델S'는 한 번 충전으로 약 420km 주행이 가능하다. 뿐만 아니라 모델S는 300~416마력의 고성능 엔진을 탑재하고 있다. 80kWh 버전의 경우 제로백(정지 상태에서 시속 100km에 도달하는 시간)이 4.2초로 슈퍼카와 그 성능이 맞먹을 정도이다.

뿐만 아니라 테슬라자동차는 신개념 첨단 IT 기술을 도입했다. 내부 센터페시아에는 17인치 크기의 터치스크린이 자리 잡고 있으며 차량의 모든 기능을 컴퓨터를 통해 제어할 수 있다. 또한 트렁크 부분에 유아용 시트 2개를 탑재하여 총 7명이 탈 수 있게 설계하였다.

17인치 터치스크린
디스플레이 모니터

1회 충전으로 400km
주행

(자료:테슬라 자동차)

숨어있는 2개의
유아용 시트

TESLA

빠르고 진보적인 디자인에 첨단 IT 기기를 이용하면서 패밀리카로도 충분히 사용 가능하도록 만들었다.

1. '기가팩토리' 건설을 통한 배터리 공급망 확대

전기자동차에 대한 수요가 급증하자, 테슬라자동차는 공급에 차질을 빚기 시작했다. 전기자동차의 핵심인 배터리 공급이 원활하지 못했기 때문이다. 그래서 테슬라자동차는 파나소닉과 손잡고 50억 달러를 투입해 '기가팩토리GigaFactory'를 설립할 예정이다.

네바다 주에 설립 예정인 대형 배터리 공급 라인에서 2020년까지 연간 약 50GWh의 배터리를 생산할 예정이며, 50만 대의 차량용 배터리를 생산할 수 있을 정도로 그 규모를 크게 잡았다. 배터리 공급원이 기가팩토리를 통해 해결된다면 테슬라자동차의 리스크 요인이 줄어드는 셈이다.

네바다 주지사는 테슬라자동차의 기가팩토리를 통해 "향후 20년간 약 1,000억 달러의 경제 효과를 누릴 수 있을 전망이다."라고 밝혔다. 기가팩토리는 2017년 완공 예정을 목표로 하고 있다.

128

2. 중국 시장 공략

모든 제품은 시대를 잘 만나야 한다. 테슬라자동차가 판매에 박차를 가할 무렵 중국 정부는 전기자동차 활성화 방안을 내놓았다. 전기자동차에 대한 세제 지원을 늘리고 휘발유에 새로운 세금을 부과하는 방안 등을 고려 중이다. 또한 전기충전소를 대대적으로 확대하려는 노력도 함께 기울이고 있다.

테슬라자동차는 중국의 이런 변화를 재빨리 잡아내고 중국 시장 공략에 뛰어들었다. 중국의 차이나유니콤과 손잡고 중국 120개 도시에 약 400개의 전기충전소를 설치할 예정이다. 400개의 전기충전소는 차이나유니콤의 판매점에 설치될 것이며, 20개의 급속 전기충전소는 고속도로 주변에 설치될 예정이다. 모든 충전 비용은 무료이다. 이번 기회를 통해 테슬라자동차는 중국 시장 진출에 교두보를 만들 것으로 보인다.

3. 신 모델 '모델X', '모델3' 출시 예정

모델S의 성공에 힘입어 테슬라는 SUV 차량인 '모델X'를 2015년에, 3세대 모델인 '모델3'는 2017년에 출시 예성이다. 모델X는 '팰콘윙 도어Falcon-Wing Doors'를 적용하여 독특한 디자인을 완성하였다. 기본 5인승 모델에 자유롭게 8인승으로 변형시킬 수 있는 장치를 적용시켰다. 배터리 용량은 최대 주행거리 233km, 435km 두 가지 버전으로 내놓을 예정이다.

모델3의 가격은 기존 S보다 훨씬 저렴한 3만 5천 달러(한화 약 3,700만 원)가 될 것이며 크기를 줄이고 주행거리는 늘렸다. 디자인은 과거 애스톤마틴 수석디자이너가 맡아 진행한다. 테슬라자동차는 이번 차기작 모델을 통해 SUV 전기자동차 시장도 함께 공략할 예정이다.

4. 도요타 자동차와 업무제휴

테슬라는 현재 도요타(Toyota : 일본 최대 자동차 업체)의 소형 SUV 모델인 라브4를 전기자동차로 만들어 판매하는 공동 프로젝트를 진행했으나 크게 성공하진 못했다. 하지만 엘론 머스크는 도요타와 꾸준히 업무제휴를 할 것이며, 향후 2~3년 안에 더욱 큰 프로젝트를 진행할 예정이라고 밝혔다.

알리바바(Alibaba)

중국 온라인 쇼핑 점유율의 80% 이상을 차지하고 있는 알리바바(종목코드 : BABA)가 IPO 시장으로 선택한 곳은 중국이 아닌 미국이었다. 2014년 9월 19일 알리바바는 뉴욕증권거래소에 역사적인 상장을 완성했고 알리바바에 대한 열기는 매우 뜨겁다. 필자도 상장

당일 밤새 사무실에 머물면서 고객들의 알리바바 문의에 응대하며 상장 상황을 지켜보았다.

알리바바는 미국의 아마존, 이베이, 페이팔을 합쳐 놓은 듯한 기업이다. 지난 미국 내 첫 IPO 로드쇼 당시 약 800명의 투자자가 참석해 호평을 자아냈다. 그중에는 월가의 슈퍼마리오로 불리는 '마리오 가벨리'와 사모펀드 퀴드랭글 그룹의 '스티븐 래트너'도 참석했다. 알리바바의 IPO는 미국 주식 시장 역사상 최대 규모로 등극했다. 무려 250억 달러(한화 약 25.7조 원)의 자금이 IPO를 통해 모였다.

| 미국 역대 IPO 규모 |

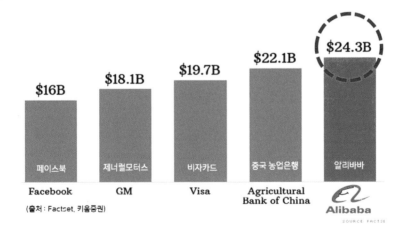

(출처 : Factset, 키움증권)

알리바바의 IPO 규모는 페이스북, 제너럴모터스, 비자카드 등을 넘어섰다. 그리고 시가총액은 단번에 삼성전자를 뛰어넘는 2,236억 달러(약 230조 원) 규모로 올라섰다. 이는 아마존, 이베이, 페이스북을 뛰어넘는 규모이다.

2013년 알리바바의 순익은 아마존의 10배를 넘어섰으며, 이베이를 추월하는 데 성공했다. 2013년 상품 판매액은 2,480억 달러로 한화 약 255조 원에 달했다.

2013년 알리바바에서 거래한 고객은 2억 3,100만 명이며 물품 운송 건수는 50억 건이었다. 그리고 2014년, 알리바바는 2분기 순익만 19억 9,000만 달러를 기록하며 작년 동기 대비 3배 증가를 보였고, 매출액도 46% 증가한 25억 4,000만 달러였다. 그리고 쇼핑몰 거래 고객 수는 2억 7,900만 명으로 무려 50%나 증가했다.

미국 뉴욕증권거래소 상장으로 알리바바의 브랜드 가치는 더욱 증폭되었다. 전 세계인이 알 정도로 떠들썩하게 IPO를 진행했기 때문이다. 알리바바는 이런 효과를 이용해 글로벌 시장 공략에 더욱 박차를 가할 전망이다.

일단 IPO로 거둬들인 자금은 부채상환, 공격적인 인수합병, 클라우드 컴퓨팅 사업(이용자의 모든 정보를 인터넷 상의 서버에 저장하고, 이 정보를 각종 IT 기기를 통하여 언제 어디서든 이용할 수 있는 컴퓨팅 환경이다), R&D 확대 등에 쓰일 예정이라고 밝혔다. 알리바바는 소매판매

이외에 모바일 게임, 온라인 스트리밍, 영화, 부동산 산업 등의 사업에 진출할 계획이며 클라우드 컴퓨팅을 통한 빅데이터 사업에도 큰 관심을 가지고 있다.

알리바바의 성장 동력과 중국인이 가진 소비력은 미래의 주가에 긍정적인 영향을 줄 것으로 보인다.

IDC에 따르면 2013년 중국 온라인 소매 거래 금액은 1조 8,832억 위안(한화 약 307조 원)이었으며, 2015년에는 미국을 뛰어넘을 정도로 온라인 시장이 성장할 것이라고 전망하고 있다. 시장 점유율이 80%가 넘는 알리바바에게는 더없이 좋은 기회이다.

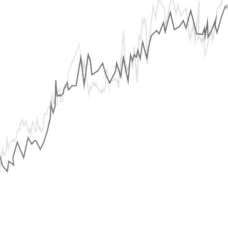

04

ETF 시장을 알면
돈이 보인다

30분이면, 나도 ETF 투자 전문가

지난 금융위기 이후, 가장 뜨겁게 떠오른 상품 중 하나가 바로 ETF였다. ETF Exchange Traded Fund, 말 그대로 거래소에서 Exchange 거래되는 Traded 펀드 Fund를 말한다. '주식도 어려운데 ETF는 더 어려운 거 아니야?' 라고 생각할 수도 있지만 생각보다 훨씬 간단하다. 내가 투자하고자 하는 목적과 방향성만 정해지면 손쉽게 그 상품에 투자할 수 있는 구조를 가지고 있다. 거래 방법도 일반 주식을 거래하듯 쉽다.

모든 ETF는 주식처럼 주당 가격이 책정되어 있으며, 고유 코드명을 가지고, 실시간 거래가 가능하기 때문에 매매 방법도 일반 미국 주식 거래와 똑같다.

- ETF란? 일반 펀드를 주식 시장에 주식처럼 상장시켜 놓은 상품
- 모든 ETF는 애플(AAPL)처럼 종목코드가 있다. 예를 들어 금 ETF = GLD로 표기 된다. 애플 AAPL(종목코드)이 주당 100달러에 거래가 된다면, S&P500지수를 추 종하는 ETF인 SPY(종목코드)는 주당 200달러에 주식처럼 거래가 된다.
- 투자자는 종목명 'SPY'를 넣고 수량, 가격을 입력 후 매수 주문만 내면 매매가 가 능하다.

경제신문을 매일 구독하는 투자자가 있다고 가정해보자. 그는 매 일 경제 시황을 살피고, 원자재 가격을 보고, 글로벌 기업들의 현황 뉴스를 보지만 정작 그가 선택하는 투자처는 국내 주식에 국한된다. 특히 요즘처럼 선진국 시장과 이머징 시장이 괴리를 보이는 시점에 서는 이와 같은 기사들은 국내 주식과 크게 연관되지 않는다. 그러기 때문에 더욱더 미국 ETF에 직접 투자해야 한다.

ETF 투자는 방향성만 정해지면 정말 쉽게 투자할 수 있다. 만약 경 제신문에 WTI 원유가 상승세를 보이고 있다는 뉴스가 나오면, 안방 에서 HTS를 통해 원유 ETF를 매수할 수 있다. 뿐만 아니라 채권, 농 산물, 각종 금속(플래티넘, 희귀 금속, 금, 은 등)에 투자도 가능하고 각

국가의 대표지수(유럽, 중국, 일본, 인도, 아프리카 등)나 그 국가의 섹터(금융, 소비 등)별 투자, 심지어는 물Water에도 투자할 수 있게 만든 상품이 바로 ETF이다.

ETF를 통해 소액의 비용으로 다양한 포트폴리오를 만드는 것이 가능하다. ETF 투자 방법에 관한 자세한 사항은 뒤에서 다시 설명하도록 하겠다.

ETF, 미국 주식 거래량의 절반

ETF 시장은 지난 2008년 금융위기 이후부터 급성장하기 시작했다. 주식 시장이 패닉상태로 빠지자, 투자자들의 성향은 소극적으로 변했고 분산 투자 효과가 큰 ETF 투자가 증가하기 시작했다. 금융위기 당시에는 하루건너 한 번씩 상장폐지 종목이 속출하는 시기였다. 그 때문에 개별 종목에 대한 투자는 감소하고 분산 투자가 증가하기 시작했으며, 시장이나 지수를 추종하는 ETF와 금, 원유 ETF로 더욱 자금이 모여들기 시작했다.

또한 이 시점부터 시장이 하락할수록 반대로 수익이 나는 구조를 가지고 있는 역Inverse ETF 시장이 크게 성장하기 시작했다.

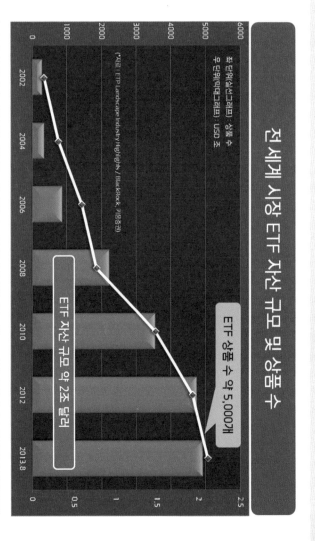

진 세계 시장 ETF 자산 규모 및 샘플 수

좌 단위(실선그래프) 상품 수
우 단위(막대그래프) : USD 조

(*자료 : ETP LandScape Industry HighLights / BlackRock, 기금증권)

ETF 자산 규모 약 2조 달러

ETF 상품 수 약 5,000개

| 그림 4-1| 전 세계 시장 ETF 자산 규모 및 샘플 수 : 2008년 금융위기를 기점으로 분산 투자 효과가 큰 ETF에 투자자들의 관심이 쏠려, 전 세계 ETF의 자산 규모나 샘플 수 모두 두 배 이상 증가했다.

그림 4-1에서처럼 전 세계 ETF 시장 규모는 약 2조 달러(한화 약 2,060조 원)에 달한다. 그리고 그 상품 수는 5,000여 개에 이른다. 모두 금융위기를 기점으로 2배 이상 성장했다. ETF의 메인 시장은 바로 미국이다. 전체 글로벌 ETF 시장의 약 73%(약 1조 3,000억 달러)의 자산규모를 미국이 차지하고 있다.

미국 시장 내에서 만만치 않은 ETF 거래비중은 그림 4-2를 통해 알 수 있다. ETF는 주식을 포함한 전체 거래대금의 약 40%에 육박하고 있다. 미국 시장에서 하루 거래액의 반이 조금 못 미치는 금액이 ETF에서 나오고 있는 것이다.

ETF가 가진 5가지 특별한 장점

왜 글로벌 플레이어들은 ETF에 열광하고 있을까? ETF가 가진 장점들을 정리하면 아래와 같다.

1. 포트폴리오 구성이 쉽다

ETF는 개별 종목과 달리 섹터별 투자가 가능하도록 만들어져 있다. 예를 들어 금융업의 전망이 밝으면 금융업 지수에 투자하는 ETF에 투자하면 되는 것이고, 아프리카의 경제 성장률이 폭발적으로 상승하고

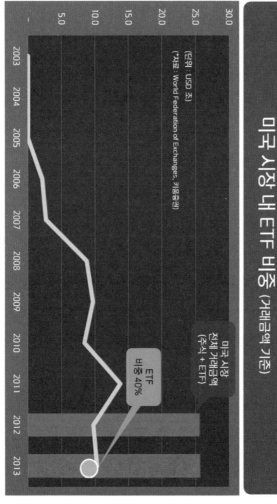

미국 시장 내 ETF 비중 (거래금액 기준)

(단위: USD 조)
(*자료: World Federation of Exchanges, 기금증권)

미국 시장
전체 거래금액
(주식 + ETF)

ETF
비중 40%

| | 2003 | 2004 | 2005 | 2006 | 2007 | 2008 | 2009 | 2010 | 2011 | 2012 | 2013 |

30.0
25.0
20.0
15.0
10.0
5.0
-

|그림 4-2| **미국 시장 내 ETF 비중** : ETF의 자산 규모와 상품 수가 증가한 만큼, 전체 시장 내에서의 비중도 상당하다. 미국 시장 하루 거래량의 40%가 ETF 거래에서 나오고 있다.

있으면 아프리카 주요 지수에 투자하는 ETF를 매수하면 된다.

주제만 확실히 정하고 나면 관련된 ETF가 다양하게 준비되어 있다. 그래서 모든 투자자는 펀드매니저 못지않은 손쉬운 포트폴리오 구성이 가능하다. 게다가 각 섹터별로 역으로 투자가 가능한 ETF, 2배, 3배 수익률을 가져오는 레버리지 ETF까지 준비되어 있으니 활발한 투자Active Investment가 가능한 것이다.

투자 섹터	ETF 종류
대안투자	헤지펀드, 인플레이션 투자, 합병 아비트리지 ETF
채권	국가별(미국, 호주, 중국 등) 장기 · 단기채 투자 ETF
농업	옥수수, 음식, 콩, 밀, 코코아, 커피, 설탕 ETF
에너지	브렌트 오일, 크루드 오일, 가솔린, 난방유, 천연가스 ETF
산업용 원자재	알루미늄, 아연, 니켈 ETF
축산업	소, 돼지 등 가축 ETF
금속	팔라듐, 플래티넘, 금, 은 ETF
외환	호주 달러, 브라질 레알, 캐나다 달러, 스위스 프랑, 유로화, 이머징 통화 ETF
주식	각종 지수(다우, 나스닥, 코스피, 상해종합, 닛케이225 등) 및 섹터(금융, 소비, 에너지 섹터 등) ETF
부동산	각종 국가별 부동산지수 ETF

미국 시장 내에 상장되어 있는 약 1,800개에 달하는 ETF(상장지수 증권을 뜻하는 ETN 포함)는 투자자에게 다양성의 즐거움을 선사한다. 경제신문을 보다가 돈이 될 만한 기사거리를 읽으면 그 소재를 투자로 연결시켜줄 수 있는 다양한 상품이 상장되어 있다. 심지어 물 또는 환경단체에 투자할 수 있는 ETF도 상장되어 있다.

ETF를 통한 채권 투자도 장점이 많다. 거금을 투자해야만 가능했던 채권 투자를 단돈 10만 원으로도 가능하게 해주는 것이 바로 ETF이기 때문이다.

예를 들어 미국 재무성 채권에 투자하는 ETF인 TIP(종목코드)를 주당 112달러(한화 약 12만 원)를 주고 매입하면, 실제로 운용사는 그 돈을 가지고 채권을 사들인다. 그리고 TIP는 채권 이자가 나올 때마다, 고객에게 투자 비중만큼 배당 형식으로 지급한다. 말 그대로 단돈 10만 원으로 미국 재무부 채권을 사는 것이 가능하다. 이렇게 채권 ETF는 이자까지 받기 때문에 꾸준히 안정적인 수익을 거둬들일 수 있다.

실제로 TIP는 연간 배당수익률이 6.35%에 달한다. 안전하게 미국 채권을 사들인 뒤 미국으로부터 이자를 꼬박꼬박 받는 것이다. 은행 금리보다 낫지 않은가?

ETF를 통한 농산물 투자도 활발하다. 투자자는 적은 금액으로 농산물 선물에 직접 투자할 수 있다. 게다가 선물 유지증거금, 마진 콜 및 운용 등을 전혀 신경 쓰지 않아도 된다. 글로벌 톱 운용사가 대신 운용해주고 정말 적은 보수(0.5% 이하)만 받아가기 때문에 투자자는 농산물 가격에만 집중하면 된다.

1계약당 큰돈을 지불해야 하는 선물 투자를 단돈 10만 원으로 간단하게 투자할 수 있는 것도 바로 ETF이다. ETF를 통해 전문 투자자들만이 특권처럼 누려 왔던 옥수수, 콩, 밀, 코코아, 커피, 설탕 등의 상품에도 쉽게 투자할 수 있다.

ETF는 이처럼 소액으로 전문 투자자와 똑같은 투자를 가능하도록 해주는 상품이다. ETF만 잘 구성해놓더라도 전 세계 주식, 상품, 채권 등에 손쉽게 투자할 수 있다. 단돈 100만 원만 있더라도 미국 S&P500지수, 재무부 채권, 금, 원유, 농산물에 각 10만 원씩 나누어서 투자가 가능하다. 이처럼 멋진 상품이 또 어디 있는가?

2 실시간 트레이딩 가능

ETF와 일반 펀드뮤추얼펀드의 가장 큰 차이점은 바로 실시간 거래가 가능하다는 점이다. 일반 펀드의 경우 환매 시 보통 3일 정도의 시간이 소요되지만, ETF는 주식과 똑같이 실시간으로 거래가 체결된다. 일반 주식과 다를 바 없이 호가도 나오고 실시간 거래량도 나온다. 주식처럼 실시간 투자가 가능하기 때문에 데이트레이더들도 ETF 상품을 선호한다.

일반 펀드의 경우 환매를 신청하면 체결까지 보통 2~4일 정도 걸린다. 농산물처럼 기후에 영향을 크게 받고 가격변동이 큰 상품도 2~4일간이나 멍하니 앉아서 기다린 후에야 환매가 체결되는 것이다. 반면 ETF는 농산물 뉴스가 나오자마자 실시간으로 장중에 환매를 체결할 수 있는 장점이 있다.

3. 레버리지 & 인버스 투자 가능

ETF의 가장 큰 장점은 레버리지Leverage를 활용할 수 있다는 점이다. 미국 ETF는 섹터별로 1~3배짜리 ETF가 존재한다. 일중 수익률 대비 1~3배까지 움직이는 ETF는 단기 고수익을 노리는 투자자들에게 사랑받고 있다. 단 추종지수의 3배까지 움직이는 ETF는 지수 상승 시 커다란 수익을 안겨주기도 하지만, 반대로 지수 하락 시에는 큰 손실을 입을 수 있다는 점이 리스크 요인으로 작용한다.

예를 들어 다우지수의 3배로 움직이는 ETF를 매수하였다면, 그 ETF는 당일 수익률에 비례하여 약 3배 정도로 움직인다. 하루에 3%가 올랐다면 3배 ETF는 9%가 오르도록 설계되어 있다. 반면 3%가 빠지면 9% 손실이 발생하므로 주의해야 한다.

또한 레버리지 ETF는 당일 수익률에 비례해 움직인다. 그래서 기간별 수익률은 수익의 복리 효과에 의해 추종지수와 차이가 날 수도 있다는 점을 명심하자.

다우지수를 추종하는 ETF를 예로 들어보자. 1년 수익률 차트를 놓

1년 다우지수 추종 x1, x2, x3배 ETF (기준일:2014.08.22)

다우지수 3배 추종 UDOW
다우지수 2배 추종 DDM
다우지수 1배 추종 DIA

© 2014 Yahoo! Inc.

3배
47%

2배
30%

1배
13%

|그림 4-3| 1년 다우지수 추종 x1, x2, x3배 ETF : 레버리지 ETF는 당일 수익률에 비례하여 몇 배의 수익률을 얻을 수 있다. 다우지수를 추종하는 레버리지 ETF의 경우 1배 추종 시 다우지수 수익률과 동일(13%)하나 2배일 경우 30%, 3배 추종 시에는 47%의 수익을 올렸다.

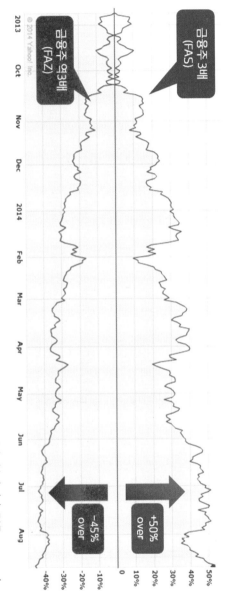

미국 금융주 3배 VS 역3배 ETF (기준일: 2014.08.22)

금융주 3배
(FAS)

금융주 역3배
(FAZ)

+50%
over

-45%
over

© 2014 Yahoo! Inc.

2013

Oct   Nov   Dec   2014   Feb   Mar   Apr   May   Jun   Jul   Aug

50%
40%
30%
20%
10%
0
-10%
-20%
-30%
-40%

|그림 4-4| 미국 금융주 3배 VS 역3배 ETF : 최근 미국 금융주의 상승으로 인해 FAS(3배 ETF)는 50% 이상 상승한 반면, FAZ(역3배 ETF)는
-45% 가까운 손실을 입었다. 작은 변동이 큰 수익과 손실로 이어지는 만큼 투자에 주의해야 한다.

고 봤을 때, 다우지수를 1배로 추종하는 ETF는 13%(실제로 다우존스 지수 수익률과 별 차이가 없었다), 2배 추종하는 DDM은 30%, 3배로 추종하는 UDOW는 47%가 올랐음을 그림 4-3을 통해 알 수 있다.

그림 4-4를 통해 금융주를 3배로 추종하는 ETF인 FAS와 역으로 3배 추종하는 FAZ의 1년 수익률을 비교해보자.

언뜻 그림만 비교해보더라도 호수에 비친 것처럼 정반대로 움직이는 모습을 볼 수가 있다. 최근 미국의 꾸준한 회복세로 인해 금융 시장이 상승세를 보이자, 3배짜리 ETF는 50%가 넘는 상승세를 나타내고 있다. 반면 역으로 3배 움직이는 ETF는 금융 시장 하락 시에 수익이 나는 성질을 가지고 있으므로, 금융 시장 상승세에는 오히려 -45%에 가까운 손실이 나고 있다.

데이트레이더들은 위와 같은 3배 레버리지 ETF와 3배 인버스 ETF를 동시에 운영하는 것을 선호한다. 섹터를 결정하였다면 위 아래로 3배 움직이는 ETF를 단기 운용하며 수익을 극대화할 수 있기 때문이다.

지수가 빠질 땐 역Inverse ETF에 투자해서 하락한 만큼 반대로 3배 수익을 노리고, 주가가 상승할 땐 정방향Leverage ETF로 수익률을 3배 높이는 전략을 취한다. 시장의 변동성이 크던 시기에 바로 이런 점을 활용한 ETF 거래량이 급증했음을 알아두자.

역Inverse ETF는 수익률을 목적으로 거래가 되기도 하지만, 헤지

Hedge 수단으로도 이용이 된다. 지수가 하락할 것을 대비해 일정 부분 Short ETF에 투자해놓으면 시장 하락에 대한 대비를 할 수 있기 때문이다. 이와 같은 헤지 전략을 구사할 수 있는 것도 ETF의 장점 중 하나이다.

4. ETF의 비용은 일반 펀드에 비해 훨씬 저렴하다

ETF와 일반 펀드의 수수료는 크게 차이가 난다. 결론부터 말하면 ETF가 월등히 저렴하다. 일단 ETF를 투자하는 투자자들은 ETF 수수료에 대해 따로 걱정할 필요가 없다. 펀드 운용수수료가 ETF 가격에 녹아 있으므로, 증권사를 통해 거래하는 매매수수료만 내면 된다.

	해외 ETF	일반 펀드
수수료율	0.1 ~ 0.9%	2~3%
환매수수료	X	O

ETF는 운용사가 직접 고객 대신 해당 섹터의 주식을 사거나, 선물 등의 파생상품을 운용하는 상품이다. 그렇기 때문에 보수를 지불해야 하는 것이다. ETF의 경우 운용보수Fee는 보통 0.5% 이내이고 일반 펀드는 2~3%의 비용을 지불해야 한다. 게다가 일반 펀드는 환매

수수료까지 더해져 수수료의 차이가 더욱 벌어질 수도 있다.

　미국의 유명한 톱 매니저들이 보수로 0.5% 이내의 적은 금액을 받고 자산을 운용해준다(선물, 옵션, 스왑거래 등)는 것은 흥분할 만한 일이다. ETF 운용수수료는 ETF 가격에 전부 녹아 있기 때문에 따로 지급하지 않아도 된다. 단지 증권사를 통해 내는 매매수수료만 지불하면 된다.

5. 알아보기 쉬운 종목명(종목코드, 심볼명)

　ETF 종목명은 길고 어려워 보일 수 있지만, 간단한 형식을 알고 나면 오히려 ETF를 구분 짓기 쉬워지므로 아래 내용은 반드시 기억하자.

　ETF 종목명은 기본적으로 '운용사' '추종지수' 'ETF 또는 ETN'의 이름 패턴을 가지고 있다. S&P500지수를 추종하는 ETF인 스파이더는 'SPDR S&P500 ETF'란 종목명을 가지고 있다.

　여기서 SPDR은 운용사 이름이고 S&P500은 추종지수를 나타내며, ETF는 펀드 성격을 나타낸다. 펀드 성격은 ETF 또는 ETN이 될 수도 있다. 그리고 여기에 ETF가 정방향인지, 역방향 추종인지를 나타내는 기호와, 몇 배의 레버리지를 가지고 있는지가 추가된다.

　금융주를 3배로 추종하는 ETF를 예로 들어보면 아래와 같다.

Direxion	Daily Financial	Bull	3X	ETF
①	②	③	④	⑤

①은 운용사를 나타낸다. 즉 Direxion 사에서 운용하는 ETF를 말한다. 두 번째는 투자 섹터이다. ②의 경우 Financial금융 금융주에 투자함을 알 수 있고 ③을 통해 정방향Bull 투자 ETF임을 알 수 있다. 미국은 흔히 곰Bear과 황소Bull를 비교하는데 황소는 상승, 곰은 하락을 의미한다. 이는 Bull · Bear 대신 Long정 · Short역 · Inverse역로 쓰이기도 한다. Long은 정방향이고 Short, inverse는 역방향이다. 역방향은 추종지수의 수익률에 반대로 움직이는 ETF를 말한다. ④는 해당 ETF가 몇 배의 레버리지를 가지고 있는지를 나타낸다. 보통 숫자로 간단히 표시하기도 하지만 2배는 Double · Ultra, 3배는 Ultra Pro를 쓰기도 한다.

결국 위 종목을 그대로 읽어보면 ① Direxion 운용사에서 운용하고, ② 금융주에 투자하는 ③ 정방향 ④ 3배짜리 ⑤ ETF이다.

다른 종목으로 더 훈련을 해보자.

ProShares	UltraPro	Short	S&P500
①	②	③	④

위 종목을 보면 이제 감이 오는가?

① ProShares 운용사에서 운용하고 ② 3배의 레버리지를 가진 ③ 역방향 ④ S&P500 추종 ETF임을 알 수 있다. 맨 뒤에 ETF · ETN 단어는 생략될 수 있고, 조합의 순서는 약간 바뀔 수도 있지만 ETF 구분에는 문제가 없다.

ETF, 2천 개에 이르는 다양성의 즐거움

ETF만 알면 독자 여러분들도 골드만삭스 포트폴리오 매니저급으로 자산을 운용을 할 수 있다. 아래는 다양한 ETF 종목 소개이다.

1. 유럽 시장에 투자가 가능한 유럽 ETF

금융위기로 초토화되었던 미국은 애플과 같은 IT 기업들의 실적에 힘입어 나스닥지수를 중심으로 일어서기 시작했다. 2009년 1분기부터 2012년까지 초토화된 미 증시가 빠르게 복구되면서, 이 기간에 미국은 가파른 회복세를 보였다.

'미국은 망하지 않는다'라는 전제 하에 저가 매수 세력이 늘어났으며, 증시는 빠르게 상승하였다. 그리고 2014년 현재 미국은 회복을 넘어 성장으로 향하고 있다.

여기서 다른 주요 플레이어를 한 번 살펴보자.

바로 유럽이다. 유럽은 미국의 서브프라임 모기지 사태로 인해 함께 폭락했지만, 미국과는 조금 다른 양상을 보였다. 금융위기가 그동안 유럽이 안고 있었던 구조적인 문제점(유로존을 무리하게 만들면서 생겼던 문제점)을 발화시키는 도화선 역할을 하면서 유럽 증시가 폭락하게 되었다.

즉 유럽은 '미국의 금융위기 + 구조적인 문제점' 이 두 가지를 동시에 안고 미국보다 더 큰 위기를 맞이하게 된다.

금융위기 당시 월가의 애널리스트들은 "미국은 회복에 4년, 유럽은 6년이 걸릴 것이다."라고 말했다. 그걸 증명하듯 그림 4-5를 보면 미국은 정말 4년 만에 전 고점을 넘어섰고, 유럽은 이제 회복을 위해 총력을 기울이는 중이다.

미국이 강한 회복세의 정점에서 큰 수익이 난 만큼, 유럽에서도 이를 기대하는 투자자가 많다. 리스크 요인이 많은 만큼 기대수익률도 높기 때문이다.

대부분의 기관들이 2014년 하반기부터 유럽 투자를 늘릴 것이라는 의지를 보이는 것도 유럽이 이제 커다란 악재를 어느 정도 다 이겨냈다고 판단했기 때문이다. 미국이 회복 구간에서 보여줬던 수익률을 이제는 유럽에서 기대하는 것이다.

IMF는 유럽 시장이 완만한 회복세를 보일 것이라고 분석했다. 금

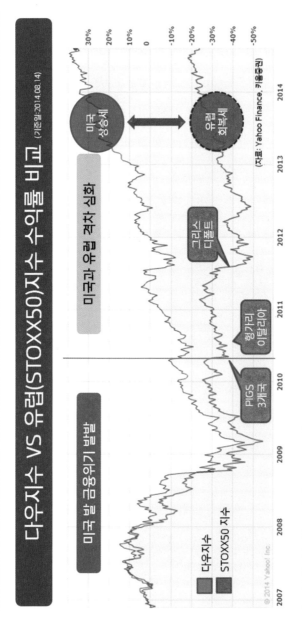

|그림 4-5| **다우지수 VS 유럽(STOXX50)지수 수익률 비교 :** 유럽은 미국 발 금융위기로 인해 미국과 함께 폭락했다. 그러나 유로존 생성 시부터 가지고 있던 구조적인 문제들 때문에 위기가 길어졌고 회복 또한 더디다.

융위기 이후 2013년까지 마이너스 성장률을 보여줬던 유로존이 2014년 처음으로 1.1% 상승으로 마무리할 것이라고 예측했으며, 2015년에는 1.5%까지 상승할 것이라고 예상했다. 하지만 여전히 금융 불안과, 가계 대출, 높은 실업률 등은 위기 요인으로 분석했다. 마치 미국의 회복세 중간 단계와 비슷한 모습이다.

UN은 유럽의 성장률을 IMF보다 조금 더 높게 예상하고 있다. 2014년 예상 경제 성장률은 1.6%에 달할 것이고, 2015년은 1.9%까지 상승할 것으로 보고 있다.

유럽의 꾸준한 회복세가 지속된다면 유럽 시장에 투자하는 ETF들을 살펴볼 필요가 있다. 유럽 시장에 개별 주식으로 접근하는 것은 아직까지는 큰 리스크를 동반하기 때문에, 공격적인 투자보다는 ETF를 통한 분산 투자로 접근해야 한다.

개별 기업 몇 군데에 투자를 했다가 주가가 크게 하락하는 것보다는, 1주를 사더라도 그 안에 유럽 대기업을 전부 포함하고 있는 ETF가 분산 투자에 유리하기 때문이다. 유럽의 방향성이 확고해지고 전고점을 넘어서는 시점부터 개별 기업에 관심을 갖도록 하자.

그림 4-6에서 보듯이 심볼명 VGK(종목 검색 시, VGK로 검색하면 된다)는 유럽 전체 시장에 투자하는 ETF이다. 유럽 시장 전체 지수를 추종하기 위해 각 국가별 대표 기업의 주식을 매수하기 때문에, VGK 1주를 매입하면 유럽 시장 주요 기업의 주식을 조금씩 사서 모으는

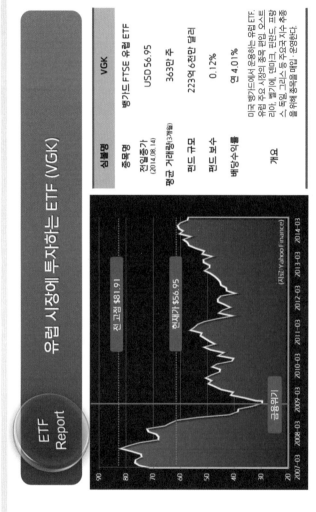

심불명	VGK
종목명	뱅가드 FTSE 유럽 ETF
전일종가 (2014.08.14)	USD 56.95
평균 거래량(3개월)	363만 주
펀드 규모	223억 6천만 달러
펀드 보수	0.12%
배당수익률	연 4.01%
개요	미국 뱅가드에서 운용하는 유럽 ETF. 유럽 주요 시장의 종목 편입 오스트 리아, 벨기에, 덴마크, 핀란드, 프랑 스 독일, 그리스 등 주요국 지수 추종 을 위해 종목을 매입·운영한다.

전 고점 $81.91

현재가 $56.95

금융위기

(자료: Yahoo Finance)

90 80 70 60 50 40 30 20

2007-03 2008-03 2009-03 2010-03 2011-03 2012-03 2013-03 2014-03

ETF
Report

유럽 시장에 투자하는 ETF (VGK)

|그림 4-6| 유럽 시장에 투자하는 ETF(VGK) : 유럽 시장에 관심이 있다면 유럽 전체 시장에 투자하는 ETF인 VGK에 주목하자. VGK를 매입함으로써 유럽 주요 기업에 분산 투자하는 효과가 있다.

효과를 가져온다.

VGK가 들고 있는 주요 기업들은 로얄더치셸, 네슬레, HSBC, 로슈홀딩, 노바티스, BNP 파리바카디프, 토탈 SA, 사노피, 방코 산탄데르, 글락소 등 유명 기업들이다.

금융위기 이후 가장 큰 타격을 입은 섹터는 바로 금융 섹터이다. 피해가 컸던 만큼, 회복이 절실히 필요한 섹터이기도 하다. 만약 본인이 공격적인 투자자라면 이슈가 되고 있는 유럽의 금융 섹터를 눈여겨볼 만도 하다. 금융주만큼 경기에 민감한 섹터는 드물기 때문이다.

그림 4-7에서 보듯이 EUFN 종목은 유럽의 금융주에 투자하는 ETF이다. 금융위기 이후인 2010년에 상장되었으며, 유럽의 주요 금융 기업 103개의 주식을 담고 있다.

국가별 비중은 영국(32.15%), 스페인(11.79%), 프랑스(11.39%), 스위스(10.87%), 독일(10.08%), 스웨덴(6.85%), 네덜란드(3.78%) 등으로 분산되어 있다. 섹터별로는 은행(52.52%), 보험(25.92%), 기타 금융(16.25%), 부동산(5.05%)으로 구성되어 있다. EUFN에서 가장 큰 비중을 차지하고 있는 종목은 HSBC(10.25%)이며 그 외 방코 산탄데르(6.02%), 알리안츠(3.92%) 등이다.

EUFN은 경기 민감주인 금융 섹터에 투자하는 만큼 고위험, 고수익 상품이다. 미국 발 금융위기와 유로존 구조적인 문제점이 동시에 폭발한 것인 만큼, 유럽 시장이 이처럼 피해를 입은 경우는 일생을

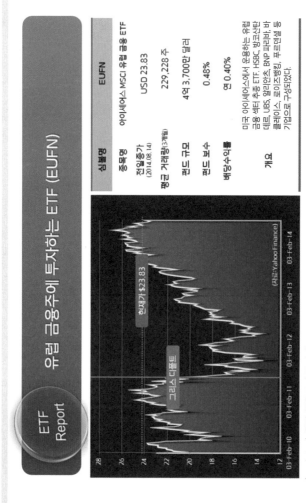

ETF Report

유럽 금융주에 투자하는 ETF (EUFN)

종목명	EUFN
	아이셰어스 MSCI 유럽 금융 ETF
전일종가 (2014.08.14)	USD 23.83
평균 거래량(3개월)	229,228 주
펀드 규모	4억 3,700만 달러
펀드 보수	0.48%
배당수익률	연 0.40%
개요	미국 아이셰어스에서 운용하는 유럽 금융 섹터 추종 ETF. HSBC, 방코산탄데르, UBS, 알리안츠, BNP 파리바, 바클레이스, 로이즈뱅킹, 푸르덴셜 등 기업으로 구성되었다.

[그림 4-7] **유럽 금융주에 투자하는 ETF(EUFN) :** 금융주는 경기에 민감하기 때문에 하락과 상승 시에 영향을 가장 많이 받는다. 그래서 금융위기로 가장 큰 타격을 받은 섹터가 금융이었으며, 회복기에 가장 먼저 상승되는 섹터 또한 금융이다.

살면서 한 번도 접하기 힘들다. 위기를 기회로 삼는 투자자들에게는 좋은 투자처가 될 수도 있다.

2. ETF로 상품 투자하기

미국 발 금융위기 이후 미 달러화가 신뢰를 잃고 주가가 폭락하자, 안전 자산 선호 현상이 강하게 나타났다. 또한 2009년부터 제로금리를 향해 달려갔던 미국의 돈 풀기 정책 덕분에 투자자들은 주식, 부동산, 상품, 채권 등 모든 상품에 골고루 투자하기 시작했다.

"주식과 채권은 반대로 움직인다."는 말을 비웃듯이 이 구간에서는 투자자들이 주식, 채권 할 것 없이 모든 금융 상품을 매수하기 시작했다. 특히 상품 투자가 큰 강세를 보였다. 당시 크게 유행했던 것이 바로 금과 원유 투자였다. 필자도 그 당시 서부텍사스 산 중질유와 금을 매수하는 고객들의 전화를 받느라 밤새 정신없이 매수 버튼을 눌렀던 기억이 난다.

ETF 상품 투자의 장점은 선물Futures처럼 증거금을 요구하지 않으며, 소액으로도 얼마든지 투자가 가능하다는 것이다. 게다가 펀드에 비해 훨씬 저렴한 비용 등을 고려하면 ETF가 상품 매수 효자 상품인 것을 알 수 있다.

즉 소액만 있어도 금, 원유, 플래티넘, 옥수수 등의 상품을 ETF로 사고팔 수 있다.

：금 투자 ：

금Gold만큼 사람의 심장을 두근거리게 하는 금속도 없다. 영화에서 나오는 황금 저장소를 보면 '한 덩어리만 가졌으면' 하는 마음이 간절하다. 인간은 모두 황금빛 네모난 골드바를 보면 가슴이 설렌다.

금 투자는 미국 금융위기 이후 큰 인기를 누리게 된다. 안전 자산 선호 현상이 강해졌기 때문이다. 역사적으로 금 가격은 꾸준히 우상향 그래프를 보인다. 오랜 옛날부터 금을 모으고 싶어 하는 인간의 욕망과 그에 비해 제한적인 공급으로 인해 지속적으로 금 가격은 상승하고 있다.

금 가격을 추종하는 대표적인 ETF는 GLD이다. 그림 4-8은 10년 동안의 금 가격을 나타낸 차트이고, 그림 4-9는 금 ETF GLD의 수익률이다. SPDR에서 운용하고 있는 GLD ETF를 매수할 경우 실제로 운용사가 그만큼 금을 매수해서 지하 창고에 보관한다.

펀드 규모만 약 331.2억 달러, 한화로는 약 34조 1천억 원에 달한다. 금괴 34조 원어치를 사서 보관하고 있는 것이다. 직접 실물을 사용하는 방식을 쓰는 만큼 비용 등을 제외하면 금 가격과 상관관계가 거의 1에 가까운 상품이다. 즉 126달러짜리 골드 ETF를 1주 사면, 금 126달러어치를 사는 효과가 있다.

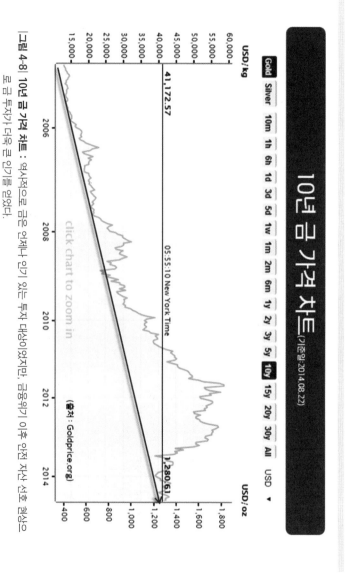

그림 4-8| 10년 금 가격 차트 : 역사적으로 금은 언제나 인기 있는 투자 대상이었지만, 금융위기 이후 안전 자산 선호로 금 투자가 더욱 큰 인기를 얻었다.

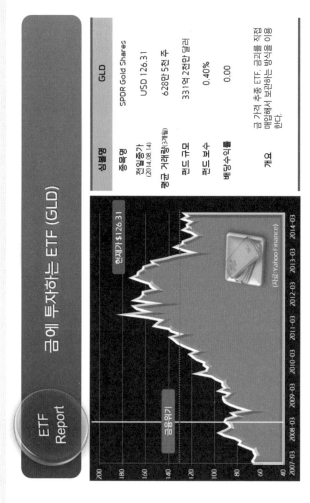

금에 투자하는 ETF (GLD)

ETF Report

상품명	GLD
종목명	SPDR Gold Shares
전일종가 (2014.08.14)	USD 126.31
평균 거래량(3개월)	628만 5천 주
펀드 규모	331억 2천만 달러
펀드 보수	0.40%
배당수익률	0.00
개요	금 가격 추종 ETF. 금괴를 직접 매입해서 보관하는 방식으로 ETF를 운영하기 때문에 금 매입해서 보관하는 방식을 이용한다.

현재가 $126.31

(자료: Yahoo Finance)

금융위기

|그림 4-9| 금에 투자하는 ETF(GLD) : 금괴를 직접 매수해서 창고에 보관하는 방식으로 ETF를 운영하기 때문에 금 가격 차트와 거의 유사한 모습을 보인다.

160

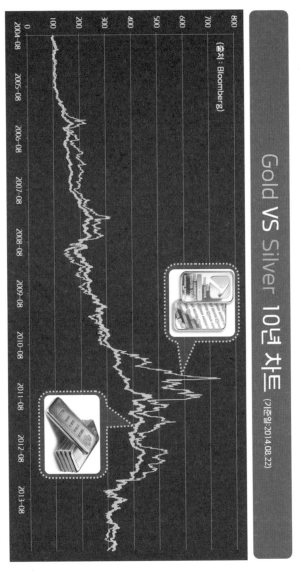

Gold VS Silver 10년 차트 (기준일: 2014.08.22)

(출처 : Bloomberg)

800
700
600
500
400
300
200
100
0

2004-08 2005-08 2006-08 2007-08 2008-08 2009-08 2010-08 2011-08 2012-08 2013-08

| 그림 4-10| **Gold VS Silver 10년 차트** : 금과 은의 수익률을 비교해보면 금에 비해 은의 수익률 그래프가 더 과격하게 움직인다. 즉 은이 레버리지 투자에 유리하다는 것이다.

ː 은투자 ː

금 투자에 레버리지를 입힌 상품이 바로 '은Silver'이다. 일반적으로 귀금속 투자라고 하면 금이 은보다 상대적으로 가격이 높기 때문에 더 귀한 투자처로 여겨지지만, 은 투자의 수익률은 금 투자보다 더 과격하게 움직이므로 단기성 매매에 유리하다.

그림 4-10은 금과 은의 수익률 비교 차트이고, 그림 4-11은 은에 투자한 ETF 수익률이다. 금 가격 상승에 따라 은 가격 역시 최근 큰 폭으로 상승하고 있다. 향후 신흥국 경기 회복이 본격화될 가능성이 높으므로 오히려 금보다는 은 투자에 주목해야 할 때이다.

은은 보통 귀금속에 주로 쓰일 것이라고 생각하지만 사실상 산업용 수요가 훨씬 많다. TV, 컴퓨터, 카메라, 스마트폰, 배터리, 소독, 태양광 발전기, 정화시설 등에 두루 사용되기 때문이다. 최근 급성장하는 스마트폰 시장은 은 가격 상승에도 큰 영향을 끼치고 있다. 뿐만 아니라 은이 가지고 있는 항균 효과(은나노 과학 등) 덕분에 최근 병원, 건강시설 등에서도 많이 사용되고 있다.

최근 이와 같이 은에 대한 산업 수요는 지속적으로 증가하고 있으나 그 재고량은 줄어들고 있다. 이는 가격 상승 요인으로 작용한다. 21세기 이후 은 재고량은 92%나 급감했다.

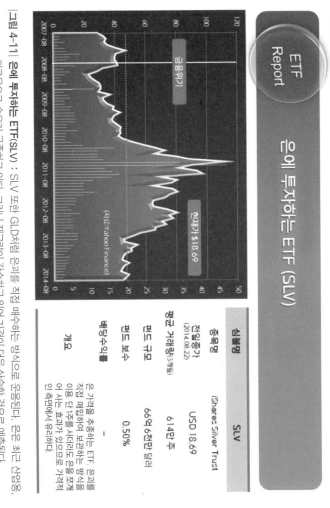

은에 투자하는 ETF (SLV)

심볼명	SLV
종목명	iShares Silver Trust
전일종가 (2014.08.22)	USD 18.69
평균 거래량(3개월)	614만 주
펀드 규모	66억 6천만 달러
펀드 보수	0.50%
배당수익률	-
개요	은 가격을 추종하는 ETF. 은괴를 직접 매입하여 보관하는 방식을 이용. 단기를 사더라도 은을 쪼개어 사는 효과가 있으므로 가격적인 측면에서 유리하다.

(자료: Yahoo Finance)

금융위기

현재가 $18.69

|그림 4-11| 은에 투자하는 ETF(SLV) : SLV 또한 GLD처럼 은괴를 직접 매수하는 방식으로 운용된다. 은은 최근 산업용, 의료용으로 수요가 급증하고 있다. 그러나 재고량이 감소하고 있어 가격이 더욱 상승할 것으로 예측된다.

: 원유투자 :

기본적으로 원유 가격은 경제와 밀접한 관련성을 가진다. 경기가 하락세일 경우, 기업은 수요예측 후 재고생산량을 감소시키고 제품 공급을 줄인다. 공급이 줄면 제품을 만드는 공장을 덜 돌리기 때문에 원유 수요가 줄어들어 원유 가격이 하락한다.

반대로 경제 전망이 상승세일 경우, 제품에 대한 수요가 증가할 것을 예측하여 공장을 더 돌리기 때문에 유가는 상승한다. 공장을 돌리기 위해서는 원유가 더 필요하기 때문이다.

그 밖에 원유 가격에 영향을 끼치는 요인으로는 전쟁과 같은 지정학적 리스크, 혹독한 겨울로 인한 난방유 수요 증가 등을 들 수 있다.

지난 금융위기 이후 국제 유가는 큰 폭으로 하락했다. WTI(서부텍사스 산 중질유)를 추종하는 원유 ETF인 USO는 금융위기 이전 117달러 가까이 상승하였으나, 약 7개월 만에 80% 하락한 24달러대로 떨어졌다. 금융위기의 여파로 기업들이 도산하고 금융기관이 파산하면서 원유 수요량이 감소했기 때문이다.

국제 유가가 곤두박질치자, 원유 저가 매수 세력과 경제 회복세를 염두에 둔 투자자들이 많이 매수했던 종목이 바로 원유 가격을 추종하는 ETF, 그림 4-12의 USO이다. 이 당시 USO의 거래량은 4천만 주에 육박하기도 하였다. 현재 평균 거래량인 280만 주 대비 약 14배가 더 급증했다.

ETF
Report

원유 가격을 추종하는 ETF (USO)

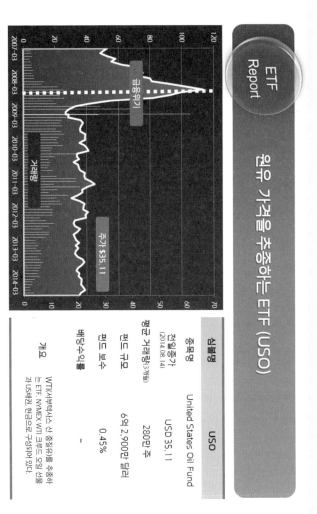

상품명	USO
종목명	United States Oil Fund
전일종가 (2014.08.14)	USD 35.11
평균 거래량(3개월)	280만 주
펀드 규모	6억 2,900만 달러
펀드 보수	0.45%
배당수익률	-
개요	WTI(서부텍사스 산 중질유)를 추종하는 ETF. NYMEX WTI 크루드 오일 선물과 US채권, 현금으로 구성되어 있다.

|그림 4-12| 원유 가격을 추종하는 ETF(USO) : USO는 원유 가격을 추종하는 ETF로 서부텍사스 산 중질유 선물에 투자한다. 금융위기로 국제 유가는 큰 폭으로 하락하여 현재까지도 낮은 수준의 가격을 유지하고 있다.

USO는 원유 가격을 추종하는 미국의 대표 ETF이다. 펀드 규모는 약 6.29억 달러로 한화로는 6,500억 원에 해당하는 금액이다. 펀드 보수는 0.45%로 저렴한 편이며, 원유 가격을 추종하기 위해 서부텍사스 산 중질유 선물에 투자한다.

만기가 도래하는 최근 월물을 매수하고 차근 월물로 갈아타는 방식을 이용해서 최대한 현물 가격과 비슷하게 움직이도록 설계되어 있다. 가끔 수익률이 괴리를 보이는 경우가 있는데, 이는 차근 월물로 갈아타면서 롤오버Roll Over 비용이 발생하기 때문이다.

투자자들은 원유 ETF를 통해 어려운 선물 거래나, 유지증거금 등의 복잡한 문제를 피할 수 있다. 그것도 단돈 4만 원 정도로도 투자가 가능하니 ETF의 위대함이 다시 한 번 느껴지는 부분이다.

3. 글로벌 주요 기업에 투자하는 국가 ETF

미국 ETF만 알면 전 세계 시장의 주요 기업들에 골고루 투자가 가능하다. 만약 오늘 아침 신문에 아프리카나 중국이 엄청난 경제 성장세를 보이고 있다는 뉴스가 나왔다. 그럼 일반 투자자들은 어떤 생각을 할까?

'아프리카가 성장하면 내가 가지고 있는 국내 주식에도 영향을 가져올까?'

'중국은 국내 기업의 수출과 직관되어 있으니 중국이 좋다니 뭐, 국

내도 좋겠지.'

이런 식으로 쉽게 넘어가는 투자자가 대부분이다.

하지만 미국 ETF를 접한다면 경제신문의 그 작은 어구 하나하나가 투자로 직결된다. 미국 ETF를 통해 이머징, 프론티어 마켓, 중국, 러시아, 일본 등 심지어 아프리카까지 각 국가를 대표하는 기업의 주식을 모두 한번에 주워 담을 수 있다. 게다가 그 주식에서 발생한 배당까지 받게 되니 이보다 더 좋을 수가 없다.

국가	심볼	전일종가 (2014.09.12 기준)	내용
유럽	VGK	$57.22	유럽 467개 기업 주식에 투자
러시아	RSX	$24.57	러시아 대표 30개 기업에 투자. 석유, 천연가스 기업 비중 40%
브릭스 (브라질, 러시아, 인도, 중국)	BKF	$40.01	각 국가별 대표 기업 주식에 투자. 차이나모바일, 가스프롬 등
일본	DXJ	$51.41	일본 주요 기업에 투자 (엔화 · 달러 헤지 상품)
이스라엘	EIS	$50.66	이스라엘 대표 기업에 투자. 테바, 이스라엘 케미컬, 뱅크레우미, 뱅크하포알림 등
숭국	FXI	$40.95	FTSE 중국 25지수 추종. 중국 내 시가총액 상위 25개 기업으로 구성

(키움증권)

각 국가별 ETF는 그 나라의 대표 기업들의 주식을 추종하는 지수로 구성되어 있다. 예를 들어 유럽에 투자하는 유럽 ETF를 1주 매수하면, 그 안에 467개의 유럽 대표 종목들이 분산되어 들어가 있다. 내가 굳이 대표 기업을 선정하지 않아도 되는 이점이 있다.

그리고 일본에 투자하는 ETF를 매수하면 일본 대표 기업들을 매수할 수 있다. 이렇게 적은 비용으로 모든 기업에 분산 투자할 수 있다는 것이 바로 국가 ETF의 장점이다.

기타 국가에 대한 투자도 해당 국가에 주식 시장만 존재한다면, 미국 ETF를 통해 거의 모든 국가에 투자할 수 있다. 미국, 중국 등의 국가는 레버리지(2배, 3배)가 첨가된 ETF도 있으며, 역으로 투자하는 ETF도 있으니 꼼꼼히 파악해두는 자세가 필요하다.

이제는 경제신문 하나를 읽더라도 전 세계 주식과 글로벌 시장을 자신의 포트폴리오에 담고 비교해보는 자세가 더욱 필요한 시점이다.

4. 투자의 귀재들의 포트폴리오, 'i빌리어네어(iBillionaire) ETF'

만약 미국 주식에 투자하고 싶은데 종목 선정에 어려움을 겪고 있다면, 투자의 귀재라고 불리는 이들에게 맡겨 보는 것은 어떨까? 최근 미국에 상장된 IBLN(종목코드)은 투자의 귀재들의 포트폴리오를 추종하는 ETF이다.

워런 버핏, 칼 아이칸, 다니엘 로엡, 데이비드 테퍼 등 유명한 투자자들의 포트폴리오 중 장기 투자형 대형주 30종목을 골라내서 지수로 만든 상품이다.

IBLN은 기본적으로 iBillionaire지수를 추종한다. 매 분기별 20명의 투자자들의 포트폴리오를 합성하여 대형주 30개 종목을 뽑아낸다. 비교적 장기 투자에 적합한 상품이다.

그림 4-13에 나타난 지수는 지난 2013년 10월에 만들어졌으며, 현재 S&P500지수 수익률보다 약 4% 정도 상회한 수치를 보여주고 있다.

iBillionaire지수는 S&P500와 비교하여 좋은 성적을 보여줬다. IBLN이 보유하고 있는 종목은 애플AAPL, 마이크론 테크놀로지MU, 프라이스라인PCLN, 21세기 폭스FOXA, 달러 젠DG, 액타비스ACT, AIGAIG, 이베이EBAY, 다우 케미컬DOW, 마스터카드MA 등이다.

IBLN은 대형주 30종목으로 구성되어 있으며, 배당수익률도 연간 약 1.03%를 제시하고 있으므로 장기 투자 상품으로 적합하다.

또한 재미있는 점은 ibillionaire.me 홈페이지에 접속하면 각 투자자의 포트폴리오를 따로 분리해서 볼 수 있는 화면이 있다는 점이다. 회원가입을 하면 모든 포트폴리오 열람이 가능하고, 비회원으로 접속 시에도 상위 10개의 포트폴리오 종목을 확인할 수 있다.

매 분기가 끝나면 포트폴리오가 공개된다. 상위 대형주들은 거의 변하지 않는다. 이들의 포트폴리오를 참고하는 것만으로도 미국 주

Performance Comparison

iBillionaire지수 VS S&P500

|그림 4-13| **iBillionaire지수 VS S&P500** : iBillionaire지수는 유명한 투자자들의 투자자들의 포트폴리오에서 장기 투자에 적합한 대형주 30종목을 선정하여 지수로 만든 것이다. 현재 S&P500지수보다 4% 정도 높은 수익률을 보이고 있다.

식 투자에 자신이 없는 투자자들에게는 큰 도움이 될 수 있다. 그림 4-14는 빌리어네어들의 포트폴리오 ETF인 IBLN의 수익률이다.

Symbol	Company	Activity	% of Fund	Avg. Cost	Price	Gain %	Daily Gain
WFC	WELLS FARGO AND COMPANY	-	22.64%	$ 43.67	$50.21	14.97%	↓ -0.34%
KO	COCA COLA COMPANY	-	15.75%	$ 20.46	$40.88	99.80%	↑ 1.74%
AXP	American Express Co	-	13.37%	$ 90.93	$86.60	-4.76%	↓ -0.77%
IBM	INTERNATIONAL BUSINESS MACHINES CORP	Added	11.82%	$ 169.54	$187.38	10.52%	↓ -0.27%
WMT	WALMART STORES INC	Added	4.10%	$ 63.28	$73.90	16.79%	↓ -0.66%
PG	PROCTER AND GAMBLE CO	-	3.86%	$ 79.64	$81.78	2.69%	↓ -0.21%
XOM	EXXON MOBIL CORP	-	3.85%	$ 90.87	$99.03	8.98%	↓ -0.06%
USB	US BANCORP	Added	3.23%	$ 40.53	$41.27	1.82%	↓ -0.79%
DVA	Davita Inc	-	2.53%	$ 50.10	$72.11	43.93%	↓ -1.35%
MCO	MOODYS CORP	-	2.01%	$ 89.67	$91.36	1.88%	↓ -0.37%

5. 미국 GDP의 70%를 차지하고 있는 소비 시장에 투자하라

한국은 수출의존형 국가인 반면, 미국은 GDP의 70%가 자국민의 소비로 이루어지는 국가이다. 그만큼 소매판매지수는 미국 경제에

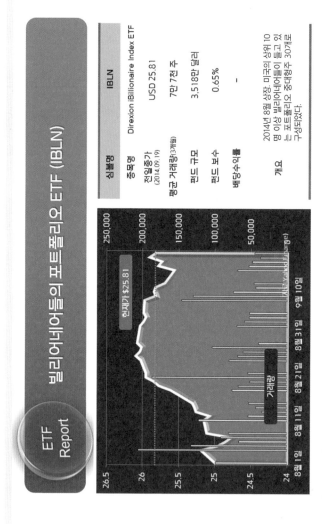

ETF Report

빌리어네어들의 포트폴리오 ETF (IBLN)

섬볼명	IBLN
종목명	Direxion iBillionaire Index ETF
전일종가 (2014.09.19)	USD 25.81
평균 거래량(3개월)	7만 7천 주
펀드 규모	3,518만 달러
펀드 보수	0.65%
배당수익률	–
개요	2014년 8월 상장. 미국의 상위 10명 이상 빌리어네어들이 들고 있는 포트폴리오 중대형주 30개로 구성되었다.

현재가 $25.81

거래량

자료(value of change)

|그림 4-14| **빌리어네어들의 포트폴리오 ETF(IBLN)** : 워런 버핏, 칼 아이칸 등 미국의 상위 빌리어네어들이 투자하는 포트폴리오를 추종하는 ETF이다. 장기 투자형 대형주만을 골라낸 상품이기 때문에 장기 투자에 적합하다.

중요한 역할을 하고 있으며 소비주에 대한 관심도 높은 편이다. 특히 연말부터 시작되는 '블랙프라이데이Black Friday' 쇼핑 시즌은 미국 전체 소비의 20% 이상을 차지할 정도로 짧고 굵은 매출액 증가율을 보이는 구간이다.

매년 11월 넷째 주 금요일부터 연말 · 연초까지 열리는 이 세일 기간에 거의 모든 기업들은 미국인들의 구매욕을 자극하기 위해 이벤트를 준비한다. 상점들이 연중 처음으로 장부를 적자Red Ink에서 흑자 Black Ink로 기재한다는 의미를 가지고 있는 블랙프라이데이는 미국 소비주를 공략함에 있어서 간과해서는 안 될 중요한 이벤트로 알려져 있다.

그림 4-15에 나타난 것처럼 미국의 소매판매지수는 지난 금융위기 이후 꾸준히 상승하고 있다. 금융위기 당시 약 330포인트까지 떨어졌던 지수는 현재(2014년 8월 기준) 439포인트까지 상승했다. 약 33% 대의 상승으로 그 폭이 크진 않지만 여전히 상승 추세를 잃지 않고 있다.

최근에 미국 고용률이 증가하고, 미세하지만 소득도 증가하고 있으며, 기타 경제지표도 개선되고 있는 상황이어서 소비에 대한 기대감도 크다고 할 수 있다.

미국 소비주 공략법은 크게 두 가지로 나눌 수 있다.

첫 번째 방법은 매년 9월~12월까지 소비가 증가하는 현상을 이용

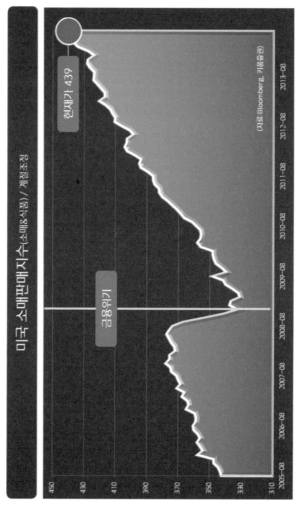

미국 소매판매지수(소매&식품) / 계절조정

현재가 439

금융위기

(자료 Bloomberg, 키움증권)

|그림 4-15| **미국 소매판매지수(소매&식품)** : 금융위기 당시 약 330포인트로 떨어졌던 소매판매지수가 현재 439포인트로 상승했다. 최근 고용률 증가와 소득 증가, 경제지표 개선 등으로 인해 소비에 대한 기대감이 커지고 있다.

174

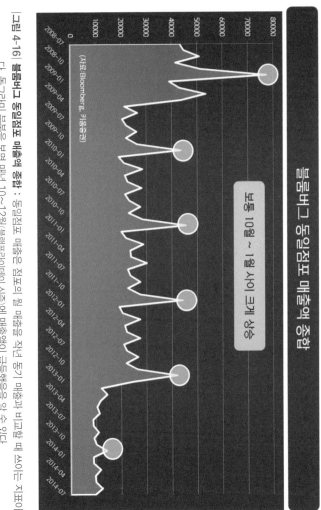

블룸버그 동일점포 매출액 총합

보통 10월 ~ 1월 사이 크게 상승

[자료:Bloomberg, 가공본]

|그림 4-16| 블룸버그 동일점포 매출액 총합 : 동일점포 매출은 점포의 월 매출을 작년 동기 매출과 비교할 때 쓰이는 지표이다. 동그라미 부분을 보면 매년 10~12월(블랙프라이데이 시즌)에 매출액이 급등했음을 알 수 있다.

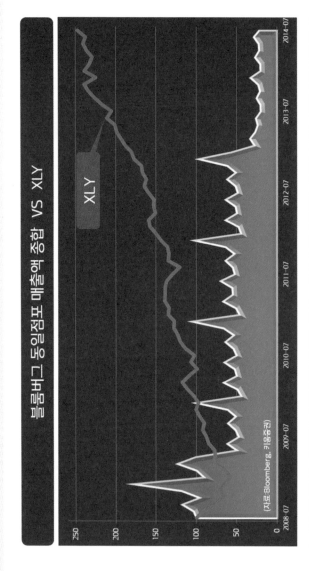

블룸버그 동일점포 매출액 총합 VS XLY

XLY

(자료:Bloomberg, 키움증권)

|그림 4-17| **블룸버그 동일점포 매출액 총합 VS XLY** : XLY는 미국의 소비주에 투자하는 ETF이다. 같은 소비주에 투자하더라도 한 기업에 투자하는 것보다 대표 소매판매업체에 분산 투자할 수 있는 ETF가 투자 수익률이 더 높다.

하여 계절적 이벤트성 투자를 하는 것이다. 블랙프라이데이 시즌에는 당연히 기업들의 매출액이 크게 증가할 것이라고 예상되기 때문에 투자자들은 '9월부터 소비주 섹터에 투자해서 주가를 끌어올리고 연말이 다가오기 전에 매도하는 기법'을 자주 사용한다.

즉 매년 9월에 소비주에 미리 투자하고 12월에 매도하는 투자 기법을 사용하는 것이다. 어떻게 보면 너무 뻔하고 간단한 투자지만 거의 매년 평균적으로 이런 투자법이 먹힐 만큼 블랙프라이데이 모멘텀은 강하다.

그림 4-16은 블룸버그 동일점포 매출액 종합지수이다. 동일점포 매출은 일정기간 이상 운영된 점포의 월 매출을 작년 동기 매출과 비교할 때 쓰이는 지표이다.

동그라미 부분을 보면 매년 10월부터 12월 사이에 매출액이 크게 급등했던 것을 확인할 수 있다. 그만큼 블랙프라이데이 시즌에 매출이 급증했다는 것을 의미한다. 하지만 2009년 이후 매출액 지수가 꾸준히 하락하고 있다.

여기서 두 번째 투자법을 소개하겠다. 바로 믿을만한 운용사가 운용하는 ETF를 통한 투자 전략이다. 그림 4-17에서처럼 소비주에 투자히는 ETF인 XLY의 주가를 동일점포 매출액과 비교해보면 지속적으로 크게 상승하고 있는 것을 알 수 있다.

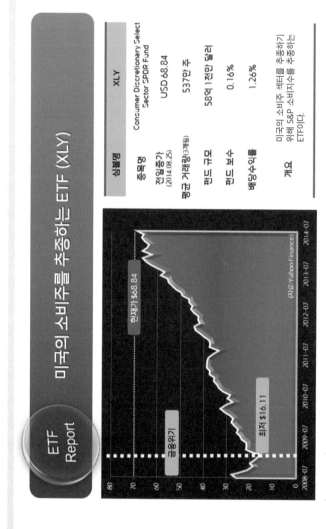

미국의 소비주를 추종하는 ETF (XLY)

ETF Report

심볼명	XLY
종목명	Concumer Diccretionary Select Sector SPDR Fund
전일종가 (2014.08.25)	USD 68.84
평균 거래량(3개월)	537만 주
펀드 규모	58억 1천만 달러
펀드 보수	0.16%
배당수익률	1.26%
개요	미국의 소비주 섹터를 추종하기 위해 S&P 소비지수를 추종하는 ETF이다.

현재가 $68.84

금융위기

최저 $16.11

(자료:Yahoo Finance)

80 70 60 50 40 30 20 10 0

2008-07 2009-07 2010-07 2011-07 2012-07 2013-07 2014-07

|그림 4-18| 미국주를 추종하는 ETF(XLY) : XLY는 보유 비중 순으로 월트디즈니, 컴캐스트, 홈디포, 아마존, 맥도날드 등 약 87개 종목의 주식을 보유하고 있다.

그림 4-18의 XLY는 대표 소매판매 업체들의 주식을 보유하는 ETF 이다. 이 ETF 한 주를 매수하더라도 미국의 대표 소비주들에 투자가 가능하다.

보유 비중 순으로 월트디즈니DIS/6.88%, 컴캐스트CMCSA /6.69%, 홈데포 HD/5.90%, 아마존AMZN/5.87%, 맥도날드MCD/4.42%, 포드자동차F/3.25%, 21세 기폭스FOX/3.23%, 타임워너TWX/3.20%, 프라이스라인PCLN/3.14%, 스타벅스 SBUX/2.76% 등 약 87개 종목의 주식을 보유하고 있다.

앞서 언급한 대로 미국 자국민의 소비는 GDP의 70% 비중을 차지 하고 있는 만큼, 미국의 소비 섹터는 무엇보다 중요한 역할을 한다. 그러므로 소비 ETF에 투자하지는 않더라도, 미국의 유명한 운용사 들이 ETF에 담고 있는 소비주들이 어떻게 구성되어 있는지를 투자 참고용으로 반드시 기억하고 있을 필요가 있다.

ETF 실전 투자

ETF 거래법은 기본적으로 미국 주식 거래법과 모든 것이 동일하 다. 거래하는 증권사에서 해외 주식 서비스를 제공하고 있다면, 별도 계약이나 신청 없이 바로 온·오프라인을 통해서 미국 ETF 거래가 가능하다. 자세한 사항은 미국 주식 실전 투자 부분을 참고하자.

> 1. 해외 주식 계좌개설
> 2. 환전(원화→달러)
> 3. 종목 선정

1. 해외 주식 계좌개설

일단 미국 주식을 매매하기 위한 계좌개설을 해야 한다. 최근 대부분의 증권사들이 해외 주식 매매 중개 서비스를 제공하고 있으므로 본인이 사용하고 있는 증권사의 홈페이지를 방문하거나, 고객센터로 전화하면 친절하게 계좌개설을 안내받을 수 있다.

2. 환전(원화→달러)

계좌개설이 완료되었으면 증권 계좌로 원화를 입금한 뒤 미화USD로 환전하면 된다. 미국 ETF를 포함 미국 주식 전부는 모두 미국 달러로만 거래가 되기 때문에 미리 환전을 해두는 자세가 필요하다.

환전은 온라인 또는 오프라인전화 환전이 가능하고, 일부 증권사는 24시간 온라인 환전도 가능하다. 자세한 부분은 뒤에 나오는 '미국 주식, 실전 투자 따라하기'에서 소개하겠다.

3. 종목 선정

환전까지 완료되었다면 이제 모든 준비가 끝났다. 본격적으로 거래 시작 상태가 된 것이다. 이제 본인이 투자하고자 하는 종목을 선정한 뒤 거래를 하면 된다.

미국 ETF도 개별 종목처럼 모든 종목명이 알파벳으로 된 심볼로 이루어져 있다. 애플 주식을 매수하려면 종목 검색창에 AAPL을 넣으면 되는 것처럼 ETF도 알파벳 심볼을 누르면 된다. 예를 들어 금 Gold에 투자하는 ETF인 GLD에 투자하고 싶으면 그림에서처럼 GLD를 종목 창에 넣으면 된다.

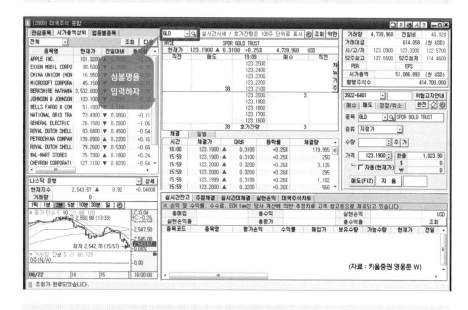

현재 GLD ETF는 주당 약 123.19달러임을 알 수 있다. 호가를 보고 본인이 원하는 가격을 입력하면 매수 · 매도를 할 수 있다. 국내 주식 HTS 프로그램을 이용해본 고객이라면 아마 단번에 미국 주식 및 미국 ETF 매매를 해낼 수 있을 것이다.

더 자세한 내용은 뒤에 나올 '미국 주식 실전 투자 따라하기'를 참고하자.

미국 주식 시장, 한눈에 파악하기

미국의 증권거래소 엿보기

미국 주식 실전 투자에 앞서 간단히 미국 증권거래소에 대해서 알아보자. 미국에는 다양한 주식거래소가 있지만 매매를 하면서 그 구성을 명확히 알 필요는 없다. 단 뉴욕거래소NYSE, 나스닥NASDAQ 시장을 제외한 장외거래소OTC Markets는 상장유지 조건, 기업공개 조건 등이 제한적이고 기래량도 극히 적기 때문에 장외거래소 주식은 반드시 한 번 더 생각해보고 투자해야 한다는 것만 명심하자.

미국 증권거래소도 국내와 마찬가지로 크게 장내·장외거래소로 나뉜다. 하지만 최근에는 그 경계가 사라지고 있다. 따지고 보면 나스닥도 장외거래소에 속하기 때문이다.

미국의 증권거래소는 크게 뉴욕거래소, 나스닥, 그리고 제3시장과 비슷한 장외거래소로 나눌 수 있다. 선물·옵션거래소, 전자거래소 등을 합치면 모두 약 16개의 거래소가 존재하지만 개별 주식 투자는 위 3개 거래소만 기억하면 된다.

뉴욕거래소는 약 5,900개의 거대 기업들이 상장되어 있는 거래소이다. 한국 코스피의 벤치마크 대상이기도 한 뉴욕거래소는 2013년 기준 시가총액 27조 달러(한화 약 2경 8천조 원)에 달할 정도로 크며, 작년 한 해 동안만 약 550억 달러 가치의 신규 기업들이 상장했다.

나스닥은 국내 코스닥이 벤치마킹했으며 약 3,400개의 기업이 상장되어 있다. 시가총액은 6조 달러(한화 약 6,200조 원)에 달한다.

반면 장외거래소는 약 1만 개의 종목이 상장되어 있지만 기업의 규모는 굉장히 작은 편이다. 국내의 제3시장과 비슷하다고 보면 된다. 기존의 핑크시트Pink Sheets 등 기업 재무현황이 공개가 되지 않는 주식들이 많아 그 자본 건전성을 판단하기 어려운 경우가 있으므로 해당 거래소의 주식을 거래할 때는 반드시 전문가와 상의할 필요가 있다.

뉴욕거래소와 나스닥은 거래소가 다르긴 하나 그 성질과 유지 조건 등이 비슷하기 때문에 미국에서도 크게 구분 짓지 않는다. 하지만 장외거래소의 경우 세부 시장에 따라 매우 차별화된 조건을 가지고 있

184

기 때문에 반드시 투자하고자 하는 종목의 거래량 등을 고려해서 투자해야 한다.

우리가 한번쯤 들어봤을 만한 종목들은 모두 뉴욕거래소 아니면 나스닥에 상장되어 있기 때문에 이런 종목에 대해서는 투자 시 크게 고려할만한 점은 없다. 단 유의해야 할 점은 나스닥 시장에서 1달러 미만의 주식은 상장폐지의 대상이 될 수도 있으므로 조심하자.

조건	뉴욕거래소	나스닥
상장조건	① 연간 2억 5천만 달러 이상 수익 ② 10억 달러 이상의 시가총액(평균) ③ 110만 주 이상의 주식 수량	① 순자산 600만 달러 이상 ② 세전이익 100만 달러 이상(연간) ③ 5달러 이상 주당 가격 ④ 3명 이상의 마켓메이커
유지조건	① 주주 400명 이하 ② 30일간 시가총액 1,500만 달러 이하	① 400만 달러 이상 순자산 ② 500만 달러 이상 시가총액 ③ 1달러 이상 주당 가격

※지면상 Full 조건이 아닌 일부 조건만 선택적 발췌 (출처:How the Stock Market Works, John M. Dalton)

미국 주식 시장은 언뜻 보면 경매 방식Auction Markets 시장으로 보이지만, 미국에는 시장을 안정시키는 마켓메이커Market Maker와 스페셜리스트Specialist가 존재한다. 이 부분은 국내 시장과 다른 특징이기도 하다.

미국 주식 시장, 이것만은 반드시 알자

① 당일 상·하한가 제한폭이 없음

② 미국예탁증권(ADR : American Depositary Receipts, 미국에서 외국 주식 대신에 거래되는 대체증권으로 약칭 ADR이라고 한다. 해외 주식은 그 발행국 은행에 보관되며 미국의 은행이 ADR을 발행하여 미국 국내 유통 시장에서 거래한다)을 통해 전 세계 35개 국가에 투자가 가능

③ ETF·ETN을 통해 다양한 상품 투자 가능

④ 동시호가 없음

⑤ 심볼 사용

⑥ 미국 달러로 거래

⑦ 미국 시간(한국 시간 야간)에 거래

⑧ 결제일 T + 4일

⑨ 실시간 시세는 유료

⑩ 상승은 파란색, 하락은 빨간색

1. 당일 상 · 하한가 제한폭이 없음

미국 주식은 당일 상 · 하한가 제한폭이 없다. 제약주의 경우 FDA 승인이 나자마자, 주가가 하루에 300%까지 올라갈 정도로 당일 수익률에 대해 관대하다. 하지만 이상 거래 및 불건전 거래에 대해서는

미국 거래소도 이를 철저하게 막고 있다.

또한 각 거래소마다 마켓메이커, 스페셜리스트 등이 존재한다. 이들이 실시간으로 할당된 종목을 감시하고 거래량을 조절하는 역할을 하고 있으며, 이들로 인해 시장의 균형이 이루어지고 있다. 미국 주식은 당일 제한폭은 없어도 오히려 장기적으로 보면 어느 시장보다 안정적이다.

2. 미국예탁증권(ADR)을 통해 전 세계 35개 국가에 투자가 가능

미국 경제가 글로벌 경제에서 중심적인 역할을 하듯, 미국 주식 시장도 큰 역할을 하고 있다. 오랜 경험과 지식을 바탕으로 만들어진 미국 증권거래소에 상장한다는 것은 기업 입장에서는 브랜드 가치 상승을 의미하고, 주식공개상장IPO 자금을 마련하는 더욱 큰 발판을 가지게 된다.

단 미국 거래소는 상장 조건이 엄격히 제한적이고 일정 수준 이상의 기업을 선별하여 상장시키기 때문에 아무나 거래소에 상장할 수 없다. 그렇기 때문에 글로벌 선진 기업들만이 미국 증권거래소에 상장되어 있다.

미국 시장(장외거래소 제외)에 상장한다는 것 자체가 검증받은 기업임을 의미한다.

3. ETF · ETN을 통해 다양한 상품 투자 가능

미국은 전 세계에서 가장 큰 ETF 시장을 자랑한다. ETF를 통해 다양한 상품, 지수에 투자할 수 있음은 이미 앞에서 배운 바 있다. 자세한 내용은 4장 ETF 시장을 알면 돈이 보인다를 참고하자.

4. 동시호가 없음

미국은 국내 시장처럼 동시호가가 존재하지 않는다. 장이 시작하기 전에 거래되는 장전 거래Pre-Market 종목의 가격이 그대로 정규장으로 넘어와서 거래가 되므로 프리마켓 시장의 움직임도 살펴볼 필요가 있다.

5. 심볼 사용

국내 주식은 삼성전자005930, 포스코005490, LG전자066570 등의 고유 숫자를 사용한다. 반면 미국 주식은 숫자 대신 알파벳을 사용하고 이 알파벳은 기업명과 어느 정도 관련성을 가지고 있으므로 종목명을 외우기가 훨씬 쉽다.

뉴욕거래소 상장종목은 일반적으로 1~3자리 심볼을 사용하고, 나스닥 종목은 4자리 이상의 심볼을 사용한다. 예를 들어, 애플Apple의 경우 기업명을 사용한 'AAPL'을 종목코드로 사용한다. 코드명이 4자리이므로 나스닥에 상장된 것을 알 수 있다.

188

엑슨모빌Exxon Mobil의 경우 코드명 'XOM'을 사용한다. 3자리인걸 보면 뉴욕거래소 상장임을 알 수 있고 코드명도 역시 기업명과 비슷한 단어를 사용하고 있다. 맥도날드McDonald's의 경우 MCD이다. 마찬가지로 뉴욕거래소 상장이며 기업명과 비슷한 단어를 사용하고 있다.

기업명	종목코드	거래소
3M	MMM	NYSE
American Express	AXP	NYSE
AT&T	T	NYSE
APPLE	AAPL	NASDAQ
Microsoft	MSFT	NASDAQ
GOOGLE	GOOGL	NASDAQ

6. 미국 달러로 거래

미국 주식은 원화가 아닌 미국 달러로 거래가 된다. 원화를 달러로 환전하려면 각 증권사 플랫폼HTS을 이용하거나, 전화를 통해 쉽게 해결할 수 있다. 반드시 거래 전에는 원화가 아닌 미국 달러로 환전해 두는 것을 잊지 말자.

필자가 이용하는 키움증권의 경우 24시간 환전 거래 시스템을 가지고 있으므로 야간에도 환전이 가능하다. 단 야간의 경우 기존 매수 · 매도 환전 스프레드의 5%를 더 부가해서 환전해주고, 익일 아침 신한은행 첫 고시 환율로 정산해서 차액을 원화로 입금해준다. 야간 시장에 환율이 크게 움직일 경우를 대비하여 반영해놓은 것이다.

7. 미국 시간(한국 시간 야간)에 거래

미국과 한국은 아쉽게도 시차가 다르다. 그렇기 때문에 미국 주식은 한국에서 낮이 아닌 밤에 열린다.

구분	서머타임 적용 시 (3월 둘째 주 일요일 ~ 11월 첫째 주 일요일)	서머타임 미적용 시
거래 시간 (국내 시간 기준) After-market은 주문 불가	• 21:00~22:30 Pre-market • 22:30~05:00 정규장 • 05:00~07:30 After-market	• 22:00 ~ 23:30 Pre-market • 23:30 ~ 06:00 정규장 • 06:00 ~ 08:30 After-market

(자료 : 키움증권)

한국 시간 기준으로 정규장은 서머타임Summer Time 적용 시, 밤 10시 30분부터 새벽 5시까지 열린다. 밤에 열리는 특성 때문에 각 증권사는 24시간 환전 시스템, 주간 예약주문, 24시간 상담 전화 등을 운영하고 있다. 정규장이 열리기 직전 1시간 30분 동안은 장전 거래Pre-Market가 열린다.

이는 일부 국내 증권사를 통해 거래가 가능한 시장이며, 주식 매매를 정규장처럼 똑같이 거래할 수 있으나, 거래량이 적기 때문에 체결이 바로 이루어지지는 않는다. 그리고 정규장 이후 열리는 After-Market은 아직까지 국내에서 서비스하고 있는 증권사가 없다.

8. 결제일 T+4일

미국의 결제일은 T+3일이다. 국내 시간으로 따지면 3일째 되는 날 밤에 결제가 이루어지기 때문에 사실상 국내에서는 그 다음날 아침인 T+4일에 결제가 되고 있다. 즉 월요일에 주식을 매도했으면 T+4일 후인 금요일에 그 금액을 인출할 수가 있다.

단 중간에 미국 공휴일이 있거나, 국내 공휴일이 있으면 그 기간만큼 결제일이 연장될 수 있다.

9. 실시간 시세는 유료

미국은 모든 정보가 유료이다. 기업 리포트, 주식 매매, 실시간 시세까지 모든 정보가 유료로 제공된다. 반면 국내 증권 시장은 모든 정보가 무료이다. 한국만큼 투자자들에게 정보를 공짜로 제공하는 국가도 드물다. 게다가 수수료도 글로벌 국가에 비하면 거의 제로에 가까운 수준이다.

미국 주식 실시간 시세를 보려면 실시간 시세이용료를 지급해야 한다. 이는 증권사별로 상이하지만 기본적인 스프레드는 비슷한 편이다.

증권사는 고객에게 온라인으로 시세를 제공하기 위해 각 거래소(뉴욕거래소, 나스닥, 장외거래소)에 라이선스 비용을 주고 시세를 배포할 수 있는 권리를 취득하여 이를 고객에게 뿌린다. 그리고 실시간 시세를 이용하는 고객들이 매월 일정 금액을 지불하면End User Fee 증권사는 이를 각 거래소에 대납해주는 시스템을 가지고 있다. 고객이 지불한 시세이용료는 각 거래소에 전달된다.

한국 거래 시스템에 익숙한 고객들은 의아해할 수 있지만, 미국 주식 투자를 하려면 반드시 익숙해져야 하는 구조이다. 키움증권은 미국 주식의 경우, 계좌 개설 후 첫 달은 무료로 실시간 시세를 제공해주고 있다.

또한 단 1건이라도 거래가 체결되면 익월은 실시간 시세가 무료로 제공되는 시스템이니 참고하기 바란다. 실시간 시세 비용은 월 8달러이다. 실시간 시세를 신청하지 않은 고객의 경우에는 15분 지연된 시세가 제공되고 이는 무료이다.

10. 상승은 블루(Blue), 하락은 레드(Red)

미국과 한국의 가장 큰 차이점 중의 하나는 바로 색Color의 구분이다. 미국의 경우 상승은 블루로 나타내고 한국은 레드를 사용한다. 반대로 미국의 하락은 레드를 쓰고 한국은 블루를 사용한다.

역사적으로 동서양에서 레드가 상징하는 의미는 서로 다르다. 동양에서 레드는 행운을 의미하며, 특히 중국에서는 더욱 그 뜻의 의미가 강하다. 아시아 주식 시장에서 레드는 상승의 표시로 사용된다.

반면 미국에서는 블루가 상승의 표시로 사용된다. 우량주를 '블루칩Blue Chip'이라고 부르는 것과 같은 의미라고 할 수 있다. 블루를 우량주로 구분 짓는 이유는 과거 카지노에서 가장 비싼 칩이 블루였던 것에서 유래되었다.

기타 옐로우칩Yellow Chip은 블루칩에 비해 규모가 작으나 상승 가능성이 있는 주식을 뜻한다. 동서양에서 색의 의미가 각자 다르기 때문에 증권 시장에서도 색의 용도가 다르게 쓰이고 있다.

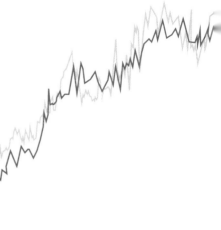

06

미국 주식,
실전 투자 따라하기

미국 주식 HTS는 국내 주식 HTS와 똑같기 때문에 미국 주식 실전
투자는 전혀 어렵지 않다. 만약 지금 이 책을 읽고 있는 독자가 단 한
번이라도 국내 주식을 온라인으로 거래해봤다면 아마 5분이면 시스
템을 이해하고 바로 종목 매매가 가능할 것이다.

미국 주식이든 ETF든 모두 동일한 시스템으로 작동하기 때문에 이
챕터를 잘 이해하고 실전 매매에 참고하기 바란다.

미국 주식 투자 준비

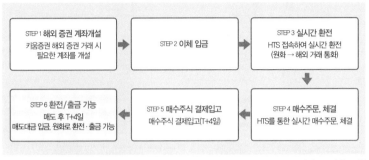

| STEP 1 해외 증권 계좌개설
키움증권 해외 증권 거래 시
필요한 계좌를 개설 | STEP 2 이체 입금 | STEP 3 실시간 환전
HTS 접속하여 실시간 환전
(원화 → 해외 거래 통화) |
| STEP 6 환전/출금 가능
매도 후 T+4일
매도대금 입금, 원화로 환전·출금 가능 | STEP 5 매수주식 결제입고
매수주식 결제입고(T+4일) | STEP 4 매수주문, 체결
HTS를 통한 실시간 매수주문, 체결 |

(자료 : 키움증권)

1단계 : 계좌개설 & 환전

미국 주식을 거래하기 위해서는 먼저 미국 주식 거래가 가능한 증권사를 선정한 뒤 해외 주식 전용 계좌를 개설해야 한다. 해외 주식 계좌는 은행에서 증권사 계좌를 만들면 이용이 가능하다. 키움증권의 경우 종합계좌 시스템을 만들어서 계좌개설 즉시 해외 주식도 이용 가능하도록 인프라를 구축해놓았다.

만약 종합계좌를 가지고 있는데 해외 주식이 지원되지 않으면, 온라인으로 간단하게 해외 주식도 거래할 수 있도록 설정할 수 있다. 계좌개설 뒤 원화를 미국 달러로 환전해놓으면 기본적인 인프라 구축은 완료가 된 것이다.

2단계 : HTS 또는 모바일 앱 설치

다음 단계는 주문을 위한 플랫폼HTS 설치이다. 증권사 홈페이지에

접속하여 HTS를 다운받거나, 모바일 앱을 스마트폰에 설치하면 거

래가 가능하다(모바일 앱 시스템은 일부 증권사만 운영하고 있다). 미국 주식 HTS는 기존 국내 HTS와 시스템과 인터페이스가 동일하므로 어렵지 않게 주식을 매매할 수 있다.

매매하고 있는 증권사 홈페이지에서 손쉽게 미국 주식 HTS를 다운로드 받을 수 있다. 키움증권의 경우 '영웅문W'를 이용하면 된다.

3단계 : 주문

HTS 또는 모바일 앱을 설치했다면 이젠 주문을 넣어야 할 단계이

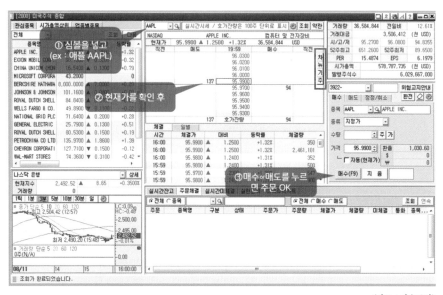

(자료 : 키움증권)

다. 미국 주식 주문은 기본적으로 국내 주식 주문 시스템과 동일하므
로 전혀 어려울 것이 없다.

키움증권의 '미국 주식 종합화면'은 상당히 구성이 잘되어 있어서
다른 창을 열 필요 없이 이 창 하나만으로 모든 호가 확인, 매매, 차트
열람, 잔고 확인 등이 가능하다.

상단에 원하는 종목의 심볼(ex : 애플 AAPL)을 넣고 호가를 확인한
뒤 매수창에 수량과 가격을 넣고 매수 버튼을 누르면 체결이 완료되
고 아래 주문체결 탭에 나타난다. 체결된 종목은 실시간 잔고에서 항

상 확인이 가능하다. 또한 호가창 옆에 있는 [차], [뉴], [기], [주] 버튼은 선택한 종목에 대한 차트, 뉴스, 기업정보, 주문종합 화면을 별도로 제공한다.

미국 주식 수수료 체계

미국 주식 수수료 체계는 기본적으로 매매수수료 + ECN Fee + SEC Fee로 구성되어 있다. 매매수수료는 각 증권사마다 상이하기 때문에 이용하려는 증권사의 수수료율을 자세히 확인해보고 매매해야 한다.

ECN Fee는 주문 방식에 따른 별도 부과 수수료이다. 미국에 보내는 주문은 대부분 Smart Routing 시스템을 통해 가장 빨리 체결될 수 있는 ECN(Electronic Communication Network, 전자 시스템을 이용해 주식을 사고팔 수 있는 사설 전자증권거래 시스템이다. 기존의 증권거래소와 달리 고객의 주문을 바로 시장에 호가로 나타내주고 이를 전자거래 시스템에 의해 매매할 수 있게 해준다)을 찾아 매칭 시켜주기 때문에 해당 ECN 사용에 대한 Fee운영보수를 지급해야 한다. 그리고 SEC Fee는 매도 시 증권위원회에 납부해야 하는 금액이지만 그 액수가 굉장히 작기 때문에 크게 신경 쓰지 않아도 된다.

예를 들어 애플 주식을 주당 100달러에 100주를 매수하면, 매매수 수료는 약정 금액(100달러 × 100주 = 10,000달러)의 0.25%인 25달러 이며, ECN Fee는 100주 곱하기 0.003달러인 0.3달러이다. 만약 위의 경우가 매도일 경우에는 SEC Fee인 0.221달러가 추가된다. 이렇게 약 1천만 원 거래하는 데 드는 총 비용은 25.521달러인 '2만 6천 원' 가량이다.

---

① **매매수수료** ＋② **ECN Fee** ＋③ **SEC Fee** (매도만 해당)

① 매매수수료 : 약정 금액(가격 × 수량)의 0.25%

② ECN Fee : 수량의 0.003달러

③ SEC Fee : 약정 금액 × 0.0000221달러

미국 주식 투자 정보 구하기

미국만큼 증권 시장에서 자본주의 체계를 잘 소화해내고 있는 나라는 드물다. 미국 주식과 관련된 대부분의 정보는 유료화되어 있다. 종목의 시세를 볼 수 있는 호가bid-ask는 물론 실시간 시세, 종목 리포트까지 모두 유료로 배포되고 있는 점이 국내와 크게 차이가 난다.

국내 증권사들은 모든 자료 및 데이터를 무료로 개방하고 있다. 이런 점이 우리나라 증권 산업이 OECD 국가 중 하위권을 차지하고 있는 원인이라고 생각한다. 증권사가 자본력을 가져야 좋은 정보를 더 많이 생산해낼 수 있기 때문이다.

필자도 국내 증권사에 재직 중이지만, 공짜를 좋아하는 한국인들의 특성에 맞추어 증권사들이 과한 경쟁을 하고 있다고 생각한다. 결국 증권사들의 목을 스스로 조이고 있는 실정이다. 이미 수수료 인하 경쟁은 하한선에 도달해 있다.

예전에 골드만삭스 CEO가 "수수료 경쟁은 결국 제 살을 깎아먹는 일이 될 것이다."라고 언급했던 일이 떠오른다. 이제 국내의 금융 시장도 선진 시장에 맞추어 개혁해야 할 필요성이 있다. 좋은 리서치 자료가 제 값에 팔리면 그 수익으로 더 좋은 자료를 만들어낼 수 있기 때문이다. 서비스도 마찬가지이다. 한국 금융 시장의 선진화를 위해서라도 유료화 정책이 시급한 상황이다.

어쨌든 미국 시장은 투자 정보를 쉽게 얻지 못하는 만큼 아래 투자 정보 소스를 참고하길 바란다.

1. 실시간 시세 열림 사이트

야후파이낸스 - 가장 완벽한 인터페이스, 실시간 시세 무료

야후파이낸스finance.yahoo.com에 접속하면 모든 정보가 영어로 뜨지만 절대 겁먹지 말고 이것만 기억하자. 정보를 얻고자 하는 종목의 심볼명만 알고 있으면 만사 OK다.

야후파이낸스에 접속하면 아래 그림과 같은 페이지가 열리는데, 상단 창에 심볼명만 입력하고 엔터를 누르면 된다. 예를 들어 애플은 AAPL을 화면 상단에 넣으면 된다.

(자료 : 야후파이넌스)

위와 같이 화면 상단에 종목코드만 넣고 엔터를 누르면 아래와 같은 화면으로 넘어간다. 이런 식으로 야후파이낸스에서 기업 정보를 얻거나 실시간 시세, 차트 화면을 볼 수 있다. 조그만 차트를 클릭하

(자료 : 야후파이낸스)

면 큰 차트 화면으로 넘어가고 각종 툴_{Tool}도 제공되니 사용해보기 바란다.

필자도 미국 주식 영업을 하던 시절 모니터 4개 중에 2개를 야후파이낸스를 띄워 놓고 업무를 했었다. 일반 투자자들에게 최고의 투자 도구가 될 것이다. 기타 블룸버그_{www.bloomberg.com}, 구글파이낸스_{finance.google.com} 등의 사이트도 비슷한 구조를 가지고 있으므로 활용하도록 하자. 필자도 야후파이낸스가 접속이 원활하지 않을 때 기타 사이트를 이용하고 있다.

2. 증권사 투자 정보

미국은 모든 정보가 영어로 되어 있기 때문에 영어에 친숙하지 않은 투자자들에게 굉장히 골치 아픈 항목이 바로 투자 정보다.

이런 불편을 덜어주기 위해 각 증권사에서는 일정 부분 투자 정보를 제공하고 있다. 이용하고 있는 증권사 홈페이지 투자 정보 부분을 참고하도록 하자.

키움증권의 경우 필자가 직접 팀원들과 만드는 투자 정보지를 업로드 시키고 있으므로 이 부분도 함께 참고하면 도움이 될 것이다.

해외 주식 양도소득세

해외 주식은 양도소득세 부과 대상이다. 연 실현손익을 기준으로 다음 해 5월에 양도소득세 신고를 해야 한다. 키움증권을 비롯 일부 증권사들은 양도소득세 자동정산 시스템을 갖추고 있다. 지로 영수증을 고객의 집으로 배송해주는 서비스를 하고 있어서 이를 이용하면 편리하다.

양도소득세는 기본적으로 250만 원이 공제된다. 매년 1월부터 12월 말까지 매도한 주식은 손익금액을 합산해서 기본 250만 원을 빼고 나머지 이익금의 22%를 납부하면 된다.

예를 들어 2014년 1월부터 12월 사이에 매도를 한 금액이 아래와 같다고 해보자.

(2014.03) 애플 매도 / 손해 -1,000만 원
(2014.12) 구글 매도 / 이익 +2,000만 원

위 금액을 모두 더하면 이익 1,000만 원이 발생한다. 여기서 250만 원을 빼면(1,000만 원 - 250만 원), 총 750만 원의 수익이 발생한 것이고, 이 금액(750만 원)의 22%인 165만 원을 양도소득세로 납부하면 된다.

해외 주식 양도소득세는 종합과세에서 제외되고 분리과세가 적용되기 때문에 중산층 이상의 자산가들은 세금 절세 측면에서 상당히 유리하다.

국내에서 해외 주식형 펀드에 가입했을 때와 직접 해외 주식에 투자할 때의 세금 차이를 비교해보면 다음과 같다.

: **해외 주식형펀드** :

종합과세 대상자가 미국 주식형 펀드에 투자해서 1,000만 원의 이익을 취했다면, 배당소득세 154만 원(15.4%)과 종합과세 418만 원(41.8%)을 합한 572만 원을 세금으로 내야 한다.

: 해외 주식 :

반면 해외 주식으로 1,000만 원의 이익을 얻었다면, 250만 원을 공제한 750만 원의 22%인 165만 원만 내면 된다. 해외 주식형펀드에 비해 약 72% 저렴하다. 같은 미국 주식을 추종하는 상품이라도 세금에서 국내 펀드와 해외 주식은 이렇게 차이가 나는 것이다.

TIPS

| 미국 유망 종목 '베스트 100' 목록(S&P100) |

S&P100 종목 : 스탠더드&푸어스(Standard & Poor's)에서 선정한 미국 대표 100 개 기업이다. S&P500 종목의 57%에 해당하는 시가총액을 가지고 있다. 미국 전체 종목 시가총액으로는 45%를 차지하는 초대형주 100개로 구성되어 있다.

회사명	종목코드	시가총액	PER
21세기폭스 (Twenty-First Century Fox, Inc.)	FOXA	745억 $	21.88
3M (Minnesota Mining and Manufacturing Company)	MMM	922억 $	20.16
AIG (American International Group, Inc.)	AIG	777억 $	10.04
AT&T (American Telephone & Telegraph Co.)	T	1,829억 $	11.09
CVS 헬스 (CVS Health Corp.)	CVS	929억 $	19.78
EMC Corp (EMC Corporation)	EMC	589억 $	21.92

IBM (International Business Machines Corp.)	IBM	1,896억 $	11.39
J.P.모건체이스앤드컴퍼니 (J.P. Morgan Chase & Co.)	JPM	2,277억 $	9.82
UPS (United Parcel Services)	UPS	890억 $	21.04
US뱅코프 (US Bancorp)	USB	754억 $	13.81
골드만삭스 (Goldman Sachs Group)	GS	842억 $	10.45
구글 (Google)	GOOLE(A주)	3,883억 $	29.75
길리어드 사이언스 (Gilead Science)	GILD	1,638억 $	24.00
나이키 (Nike, Inc.)	NKE	777억 $	27.42
내셔날 오일웰 바르코 (National Oilwell Varco, Inc.)	NOV	337억 $	13.63
노퍽서던 (Norfolk Southern Corp.)	NSC	344억 $	18.18
다우 케미컬 (The Dow Chemical Company)	DOW	639억 $	19.09
데번에너지 (Devon Energy Corp.)	DVN	283억 $	31.57

듀폰 (E.I.du Pont de Nemours and Company, Inc.)	DD	663억 $	19.95
레이시온 (Raytheon Company)	RTN	315억 $	15.53
로스컴퍼니스 (Lowe's Companies, Inc.)	LOW	524억 $	21.70
록히드 마틴 (Lockheed Martin Corporation)	LMT	576억 $	17.37
마스터카드 (MasterCard)	MA	869억 $	26.65
마이크로소프트 (Microsoft Corporation)	MSFT	3,824억 $	17.51
맥도날드 (McDonald's Corp.)	MCD	929억 $	17.14
머크앤드컴퍼니 (Merck & Co., Inc.)	MRK	1,713억 $	16.56
메드트로닉 (Medtronic, Inc.)	MDT	620억 $	16.27
메트라이프 생명 보험 (Metlife Co., Ltd.)	MET	609억 $	10.05
모건 스탠리 (Morgan Stanley)	MS	680억 $	15.34
몬델리즈 인터내셔널 (Mondelez International, Inc.)	MDLZ	580억 $	2.83

몬산토 (Monsanto)	MON	593억 $	22.96
바이오젠 아이덱 (Biogen Idec, Inc.)	BIIB	797억 $	37.56
뱅크오브뉴욕멜론 (The Bank of New York Mellon Corp.)	BK	440억 $	18.07
뱅크오브아메리카 (Bank of America Corp.)	BAC	1,790억 $	11.09
버라이즌 (Verizon Communications)	VZ	2,063억 $	15.66
버크셔 헤셔웨이 (Berkshire Hathaway, Inc.)	BRK-B	3,417억 $	16.28
벡스터 인터내셔널 (Baxter International, Inc.)	BAX	391억 $	15.49
보잉 (The Boeing Company)	BA	927억 $	18.43
브리스톨 마이어스 스퀴브 (Bristol-Myers Squibb Company)	BMY	847억 $	28.69
비자카드 (Visa, Inc.)	V	1,320억 $	29.19
사이먼 프로퍼티 (Simon Property Group)	SPG	511억 $	35.25
서던 컴퍼니 (Southern Company)	SO	389억 $	15.04
셰브런 (Chevron Corp.)	CVX	2,306억 $	11.53

슐룸베르거 (Schlumberger Limited)	SLB	1,341억 $	19.86
스타벅스 (Starbucks Corp.)	SBUX	566억 $	227.85
시스코 (Cisco Systems, Inc.)	CSCO	1,274억 $	15.33
씨티그룹 (Citigroup)	C	1,591억 $	10.13
아마존 (Amazon.com)	AMZN	1,493억 $	850.55
아메리칸 익스프레스 (American Express Company)	AXP	924억 $	17.64
아파치 (Apache Corp.)	APA	361억 $	13.76
알트리아 그룹 (Altria Group, Inc.)	MO	908억 $	18.69
암젠 (Amgen)	AMGN	1,071억 $	21.08
애너다코 석유 (Anadarko Petroleum Corp.)	APC	525억 $	22.97
애보트 랩스 (Abbott Labs)	ABT	631억 $	24.72
애브비 (AbbVie)	ABBV	942억 $	22.94

애플 (Apple, Inc.)	AAPL	5,913억 $	15.93
액센츄어 (Accenture)	ACN	531억 $	18.05
에머슨 일렉트릭 (Emerson Electric Co.)	EMR	439억 $	17.26
엑셀론 (Exelon Corp.)	EXC	289억 $	15.73
엑슨모빌 (Exxon Mobil Corp.)	XOM	4,069억 $	12.16
오라클 (Oracle Corp.)	ORCL	1,725억 $	16.01
옥시덴틀 석유 (Occidental Petroleum Corp.)	OXY	766억 $	14.50
올스테이트 (Allstate Corp.)	ALL	266억 $	11.09
월그린 (Walgreen Co.)	WAG	575억 $	19.94
월마트 (Wal-Mart Stores, Inc.)	WMT	2,464억 $	15.15
월트디즈니 (The Walt Disney Company)	DIS	1,523억 $	21.20
웰스 파고 (Wells Fargo & Company)	WFC	2,707억 $	12.80
유나이티드 테크놀로지스 (United Technologies Corp.)	UTX	962억 $	17.24

유나이티드헬스 그룹 (United Health Group, Incorp.)	UNH	841억 $	16.31
유니언퍼시픽 (Union Pacific Corp.)	UNP	974억 $	21.25
이베이 (eBay, Inc.)	EBAY	656억 $	–
인텔 (Intel Corp.)	INTC	1,696억 $	17.12
일라이 릴리 앤드 컴퍼니 (Eli Lilly and Company)	LLY	731억 $	20.74
제너럴 다이내믹스 (General Dynamics Corporation)	GD	426억 $	17.53
제너럴 모터스 (General Motors Corporation)	GM	532억 $	17.97
제너럴 일렉트릭 (General Electric Company)	GE	2,571억 $	18.11
존슨앤드존슨 (Johnson & Johnson)	JNJ	3,020억 $	18.35
캐터필러 (Caterpillar, Inc.)	CAT	630억 $	16.35
캐피털 원 파이낸셜 (Capital One Financial Corp.)	COF	458억 $	10.90
컴캐스트 (Comcast Corp.)	CMCSA	1,402억 $	19.67

코노코필립스 (ConocoPhillips)	COP	960억 $	12.23
코스트코 홀세일 (Costco Wholesale Corporation)	COST	550억 $	28.02
코카콜라 (The Coca-Cola Company)	KO	1,850억 $	21.66
콜게이트 파몰리브 (Colgate-Palmolive Co.)	CL	600억 $	22.78
퀄컴 (Qualcomm, Inc.)	QCOM	1,258억 $	18.03
타깃 (Target Corp.)	TGT	400억 $	18.99
타임워너 (Time Warner, Inc.)	TWX	646억 $	17.85
텍사스인스트루먼트 (Texas Instruments, Inc.)	TXN	515억 $	22.30
페덱스 (FedEx Corp.)	FDX	452억 $	21.70
페이스북 (Facebook)	FB	1,983억 $	81.07
펩시코 (PepsiCo, Inc.)	PEP	1,403억 $	21.09
포드자동차 (Ford Motor Company)	F	546억 $	8.67

프록터앤드갬블 (The Procter & Gamble Company)	PG	2,290억 $	20.10
프리포트-맥모란 (Freeport-McMoRan Copper & Gold)	FCX	341억 $	11.71
필립 모리스 (Philip Morris Companies, Inc.)	PM	1,300억 $	15.43
핼리버턴 (Halliburton Company)	HAL	560억 $	19.34
허니웰 인터내셔널 (Honeywell International, Inc.)	HON	730억 $	17.58
홈데포 (The Home Depot, Inc.)	HD	660억 $	11.23
화이자 (Pfizer, Inc.)	PFE	1,884억 $	16.06
휴렛팩커드 (Hewlett-Packard Company)	HPQ	660억 $	11.23